光が丘パークヴィラ 顧問
中村美和
Yoshikazu Nakamura

終の棲家を求めて

集大成

内科医が挑戦した36年

幻冬舎
MC

光が丘パークヴィラ

2021年4月1日撮影

人生がずっと輝く シニアのための上質なライフステージを

コンセプト

- ホテルの機能性
  マンションの気安さ
  家庭の味

- 生活支援・介護・看護・医療支援の連携と一体化

高齢者が最後まで安心して過ごせる
「終の棲家」をめざして

パークヴィラの四季

春の中庭

夏の芝生

秋の芽吹き

秋の紅葉、ロビーの石まで赤く染める

冬の雪景色

東棟増築

東棟屋上より

東棟全景

東棟公園側より

東棟南側より

旧庭園

ゲストルーム（D タイプ）

光が丘公園の森林が目の前だ。恵まれた環境だ。

中間棟完成

中間棟出入口

本館とケア棟の間に中間施設

1階デイルーム

地階多目的ホール

中間棟は、これからのケアの拠点で、機能別デイルームが1階から3階に配置してあり、居室の要介護者、ケアセンター利用者にご利用いただく。孤独からの解放と介護の省力化に努める新しい試みだ。

入居者の安心・安全につながるだろう。

パークヴィラスナップ

里ザクラ満開夜景

創作人形

渡り廊下ギャラリー

春一番のカタクリ

クリスマスの電飾

施設内葬儀　お別れ会

中庭に咲く花々

中庭の花

中庭階段下より

終の棲家を求めて　集大成

内科医が挑戦した36年

はじめに

有料老人ホーム「光が丘パークヴィラ」を始めて36年が経過した。施設開設にあたって、従来の老人ホームという言葉から連想されるミゼラブルなイメージを払拭した高齢者専用住宅を作ろうと思い、「ホテルの機能性、マンションの気安さ、家庭の味、さらに生活支援・介護・看護・医療支援の連携、一体化」というコンセプトを掲げた。このコンセプトは今も変わらず貫かれている。

一方、36年間で日本社会は超高齢化し、高齢者を取り巻く環境は変化してきた。国は長らく、生活支援・介護・看護・医療支援の施策を別々の方針で進め、それをもとに高齢者施設作りをしてきた。私は医師として診療所で多くの高齢者に対応し、その家庭環境を知る機会も多かったので、「高齢者対応は総合対応でなければできない」と考えた。生活支援・介護・看護・医療支援のどの一つが欠けても高齢者対応は成り立たない。高齢者の状態は時により変化するものであり、流動的だからなおさらだ。36年の経験は、その想いを強くした。

高齢者医療も変化し、従来は看取りまで対応していた病院も、介護保険制度や医療保険制度の変化から、効率的な運営に傾き、看取りをしなくなった。看取りには長い期間がかかり、経営面で非効率的だからだ。経営合理化のために在院期間の短縮は至上命令となっている。早期退院を余儀なくされる患者が増える結果、行き場がなく彷徨う医療難民が増加している。

超高齢化から多死社会への転換を目前にして、日本はまだ圧倒的に病院死が多い。しかし、このままでは看取りの場所が足りない。この現実に対して、36年前から「終の棲家」となることをめざして末期状態、終末状態の患者を看取ってきた「光が丘パークヴィラ」は、施設内死亡90%になった。日本でも施設内死亡がここまでできることは、当施設が証明している。日本の高齢者施設が安心・安全の終の棲家になりうるか、重要な岐路に差し掛かっている。お元気で入居し、生活を楽しみ、最期まで暮らす。医療難民を作らない。こうしたことが実現できるか、高齢者施設に課せられた課題だ。

私は今まで3冊の本を出版したが、36年を振り返って集大成にしてみたいと考えた。日本における有料老人ホームの草分け的な存在である「光が丘パークヴィラ」の36年の経験を、皆様に知っていただき、これからの老後をどうするか、皆さんと一緒に、この本で考えてみたい。皆様の老後の暮らし方の参考になれば幸いである。

医療法人社団祥和会　中村内科クリニック理事長
光が丘パークヴィラ顧問
中村美和

光が丘パークヴィラ周辺、空撮

2021年4月15日撮影

光が丘パークヴィラ空撮

「終の棲家を求めて」集大成　内科医が挑戦した36年◆目次

第2章

36年で高齢者の暮らしはどう変わったか　57

第3章 高齢者施設と看取りの医学　115

第4章 死後の安心を 163

旅立ちのお見送り　177

私の人生論　188

装画　漆原冬児

第1章

「光が丘パークヴィラ」の歩み

「光が丘パークヴィラ」誕生秘話

✕「光が丘パークヴィラ」の基本的な考え方

「光が丘パークヴィラ」は、高齢者が「ゆとりある」都市生活を過ごすための専用住宅をめざして1985年に開設した。日本におけるこの種の施設としては草分けとなる施設だ。従来の老人ホーム、養老院の暗いイメージを払拭して、自由に自立した生活が送れるように支援しようと考えた。コンセプトは大きく次の2点が挙げられる。

① ホテルの機能性、マンションの気安さ、家庭の味

② 生活支援・介護・看護・医療支援の連携、一体化

建物は一流建築家による設計で、洗練された外観を有した低層3階建ての地域に溶け込んだ建物。ロビー、渡り廊下は大きな1枚ガラスを採用しており、光・風・緑が四季折々語りかけてくるような設計になっている。接してトンボ公園、光が丘公園があり、自然がいっぱい。我が家と比べ、遜色ない建物と環境を提供しており、暮らしやすさ、便利さ、安全性を追求した住居だ。

昨今は、異常気象や天災による思いがけない被害を目にすることが多くなったが、「光が丘パークヴィラ」の建物近辺に活断層はなく、固い地盤の上にあり、高台で河川も遠いので水害の心配もない。また、近隣には図書館、体育館、文化施設、コンサートホール、ショッピング街があり、専用の巡回バスをご利用いただけば、便利で快適な日常生活も送れる。隣接する光が丘公園には豊かな緑やバードサンクチュアリなどもあり、お散歩を楽しまれるのも良いだろう。年に2回行われるコンサートや文化祭では、近隣にお住まいの方々、ご入居希望の方々をお招きし、地域交流も図っている。

また、開設から一貫して、高齢者が最後まで安心して過ごせる「終の棲家」をめざしてきたことも、「光が丘パークヴィラ」の大きな特徴だ。同一敷地内に診療所やケアセンターを併設していて、身体に不安が生じた場合には、介護・看護・医療支援が連携して対応できる施設となっている。病気への対応はもちろんのこと、介護や終末医療・がんの緩和治療などが必要になった場合でも可能な限り対応し、最期まで穏やかに暮らしていただけるよう努力している。詳細は後述するが、施設内看取り90%はその努力の証と自負している。超高齢者（90歳以上）の末期は若年者（70代）に比べ苦痛が少ない傾向があり、末期がんでもがんであることを忘れるような穏やかな最期を迎える方もおられる。ここでは無理な延命治療はせず、安らかな最期が迎えられるよう、希望に沿うために、お元気な時にさまざまなお約束をする。「尊厳死宣言」などは治療のない末期のお約束、「最期のお願い」は死後のお約束だ。

そして2020年、「光が丘パークヴィラ」は大規模な増改築が行われ、新しい高齢者施設に生まれ変わった。平均寿命が年々延長し、本館の居室とケアセンターだけでは対応することが難しくなってきたからだ。具体的には、24時間介護の必要はないが、介護保険を利用される状態になった方々への心と身体のケアのために、中間介護を行う目的で中間施設を建設した。中間棟のデイルームで、食事や各種アクティビティ・入浴サービスなどを利用していただくことができる。孤独から解放され、リズムある快適な生活を送れるのではないかと期待している。

それでも人間は必ず最後を迎える。「光が丘パークヴィラ」には斎場や共同墓地もあり、死後まで寄り添うことができるようになっている。いわば「安楽椅子から墓場まで」、高齢者に向けたトータルでのサービスを行うのが基本的な考え方だ。老後の一つの選択肢として、このような高齢者施設の在り方を多くの方に知っていただきたいと思っている。そこで、これまでに著した2冊の著書を編集し直す形で、「光が丘パークヴィラ」の36年の歩みを振り返ってみたいと思う。

高齢者専用住宅構想のきっかけ

「光が丘パークヴィラ」のきっかけは、ある患者さんの相談から始まった。私は1968年に群馬大学附属病院第二内科を辞し、東京都の片隅、板橋区成増で「中村内科クリニック」を開業した。有床の診療所で、入院患者の回診と外来・往診で目の回るような忙しい日々を送っていた。そんなある日、認知症のご主人を抱え、大学の理事をしていた女性が貧血を起こして倒れ、生活が立ちゆかなくなったのだ。連絡を受けてすぐに行ってみると、やっとの思いで電話してきたのであろう、彼女は部屋の中で倒れていて、ご主人はそんな時でも座ったまま笑っていた。診察の結果、血圧は低下しているものの脳障害はなかったので、そのまま布団に寝かせ、親戚に連絡をしたが、親戚も自分の家庭があるから認知症のご主人の世話はままならなかった。そこで、高齢者専用住宅がないか調べてあげることにした。当時はまだ介護保険もなかったし、高齢者専用住宅といえば養老院の延長線で、希望する施設はなかった。全国を調査したが、安心して快適に暮らせるような施設がないことを知った。それでは、思い描いた施設ができないだろうかと、模索が始まった。

父の看取り

そうこうしているうちに、私の父が厄介な病気になった。入浴の際、背中に柔らかいこぶができていることに気づき、大学病院の外科教授に紹介して手術を受けた。病名は脂肪形成肉腫で、根本的治療法がない病気だった。体の表面にしかできないのが特徴だが、切除してもその周りに転移してしまい、再手術しても周囲に転移した。その後は手術を断念して放射線治療をした。まだ放射線で効果がある根拠はなかったが、転移は止まった。しかし放射線潰瘍、４センチメートルの皮膚欠損が残った。それでも父は約6年間、元気に母と二人で暮らし、一緒に旅行などもした。

しかし、6年を過ぎた頃から皮膚欠損部に感染が起こり、次第に深部に波及し、結局、肺に達する潰瘍となって入院した。入院したが治療がなく、処置のみだ。肺は萎縮したが、癒着で再度広がり、一命をとりとめた。しかし肋骨がむき出しで、肺の動きが見えるほどの大きな穴が空いた。穴は背中に空いたので父には見えないのが幸いだった。多量の浸出液が出て、その処置に1日3回のガーゼ交換が必要になった。病院ではこれ以上治療がないというので、希望して退院させた。私の診療所に2世帯住宅を作って父を引き取り、母親、妻、看護師、医師、家政婦が交代で厚い介護・看護ができ、本人の頑張りもあって約4年、元気で暮らした。その後、老衰でなくなった。発病後約10年だった。

父は最後まで認知症が進まず判断力はあった。その間、私は出かけてもすぐ戻れる範囲しか行けず、いつも大型の携帯電話を持参して医師会の理事会にも出ていた。目が離せない日々だったが、母と家政婦で介助をしながら、好きに食事をして、時々家族一緒の食事、付かず離れずの生活を続けてうまくいった。診療所に看護師がいたので、1日3回の処置も続けられた。まさに生活支援・介護・看護・医療支援の一体化だ。この一連の対応がうまくできたので、父の死後、この経験を少しでも多くの高齢者とそのご家族のために役立てられないかという思いが心に強く根づいた。ここから、この形を事業化しようという構想が生まれた。

ネーミングは「公園の隣に佇む館」

「光が丘パークヴィラ」の建設用地となったのは、東京都光が丘公園の隣にある、義父名義の約3000坪の土地だった。たまたま、ほとんど利用されていない土地があり、有効に利用できないかと考えた。もともと義父はここに広大な土地を所有していたのだが、終戦前、帝都防衛（皇居防衛）の目的で陸軍省に強制収用され、成増飛行場となり、隣接地に移転することになった。飛行場跡地は防衛省の所管で、終戦後、米軍家族住宅地グラントハイツに変わり、自衛隊に返還された後、東京都立光が丘公園と光が丘パークタウン、光が丘団地が計画された。ちょうど、その整備が始まった時期、移転した土地に高齢者専用住宅を作ろうとの私の企画が持ち上がった。持ち上がったといっても一人の医師の計画だ。そこから某大手建設会社の開発計画本部の職員と一緒に研究を始め、約6年かかった。父の看取りを経験し、高齢者の生活・介護・看護・医療支援に自信を持ったので、夢の第一歩を踏み出した。

高齢者専用住宅の草分けだから、ネーミングは従来の老人ホームを連想しないものが必要だ。誰が聞いても違和感のない名前をと、真剣に考えた。苦心の末に考えついたのが、公園の隣だからパーク、建物はホテルの機能性、高齢者の住まいと謳ったから館（ヴィラ）とした。このパーク（英語）とヴィラ（フランス語）の組み合わせはどうか。受け入れられるだろうかと思ったが、日本人は外来語の使用に寛容な民族だから、多少のこじつけは笑って見逃してくれるかもしれないと、口ずさんでみると耳にも心地よい。他の人に聞いてみても違和感がないというので、この名に決めた。光が丘公園に隣接しているから、これ以上の命名はない。その後、関西からこの名前を使ってよいかと問い合わせがあったため、同じ名前が増えては大変と、「光が丘パークヴィラ」と「パークヴィラ」を商標登録し認められた。同時にシンボルの欅もデザインして登録したが、こちらは同じ申請が既にあり、認められなかったのが残念だった。

明治生まれの骨太経営者

土地は義父の土地をお借りしたから、今度は建物を作る資金が必要だ。某企業に貸していた流通センターが契約期間の満期を迎えていたので、返還をお願いした。戦後急速に成長した企業で、創業者は社長を引退し、会長になっていた。交渉のため毎月1回お会いした。毎回2人きりで、広い支店の会議室で3時間ほどお話をした。お話の内容は、ほとんどが苦労話、成功談、あふれるアイデアと会長の独演会だった。昔の苦労話では涙を流した。それだけ心を許してくれたのだろう。その中には、企業成功の鍵もあった。肝心の土地の話については、いつも別れ際の5分に「あの話ね」と切り出され、よく考えた答えが返ってきた。私は素人と言いながら、事業の難しさ、医師が片手間にできるものではないと諭したかったのだろう。しかし、合間に私の話を聞き、自分も高齢者だから老人医療・介護・看護の問題を理解したのだろう。12月25日、いつものようにお会いして3時間ほどお話しし、別れ際の答えが違っていた。「あの話ね、できるだけの協力をするよ」と、無償返還が決まった。一代で成功した創業者だから、反対する役員もいたが会長の鶴の一声で決まったという。後は息子の社長に任せると言われて別れた。私はただ「有難うございます」との言葉しか出なかった。会長は会う前から答えを用意していたに違いないが、なんという演出だろう。その夜は興奮し寝られなかった。絶対に事業を成功させるぞと心に誓った。のちに施設の開業式典で、会長からは「私の人生の語り草だよ」と言われた。一生の中でこんな割の合わない取引はしたことがなかったのだろう。これは私の一生で忘れられない一瞬だった。

この取引が決まり、大手建設会社、大手信託銀行に信用いただき、協力を得ることができた。流通センターの土地は売却され、事業用資産の買い替え特例（譲渡税は繰り延べされる制度）を使って、こうして無借金で建物が建設できた。このことは、その後の難しい経営に貢献してくれた。これは「光が丘パークヴィラ」ができる基礎になった話だが、こんな話は現代ではない話だろうと思う。

ホテルの機能性が仇に

建設にあたっては、このほかにも数多の問題が生じたが、全て誠心誠意の努力で解決した。今、振り返っても一朝一夕にできることではなく、自分の半生をかけた大仕事だったと思う。高齢者専用住宅という、当時、日本にはまだ例のない計画だったから、中でも行政の監督官庁との交渉は大いに難航した。

新しい建物を作ると、どの事業に似ているか、役所は類似例を探し、課税し、その規則を適用しようとする。前例踏襲で決して新しい事業に取り組まないのは役人の処世術でもあるのだろうが、計画書に「ホテルのような機能性、マンションのような気安さを兼ね備えた施設」と書いたから、なお混乱したようだ。

私は「光が丘パークヴィラ」を共同住宅として建築申請していたので、マンションと同様、事業所税の対象にはならないと考えていた。しかも高齢者の住宅なのだから。実際、既に東京にできていた二つの類似施設は事業所税の対象にはなっていなかった。しかし、オープンから半年ほど経った頃、都税事務所から問い合わせがあり、指示通りに資料を提出した。税務事務所はすぐ課税することを決め通知してきた。「ホテルの機能性」とパンフレットに書いてあったのが仇となり、ホテルに近いのではないかと思われたのだ。

訪れた調査官に、当施設が高齢者専用住宅であること、入居者の終身利用であり、共用部分を含めて利用権があり、入居者以外は使えないことを強調したが、なかなか納得していただけなかった。東京都主税局に再検討をお願いする文書も提出し、東京都庁を訪ね担当係長とも話したが、だめだった。どうしても納得がいかないので厚生省（当時）の課長に相談したら、もっともだから担当の自治省（当時）に相談すると約束してくれた。しかし、その後に尋ねるともう担当が変わっていて、後任者は聞いていないという。これは役所の常套手段だ。相談したかどうかもわからずがっかりした。結局、都税事務所と再度交渉することになり、顧問税理士と「どうしても理解ができないから不服申し立てをする」と話したら、お互いに傷つくからと急に弱腰になり、幾多の折衝を経て、適用面積を縮小したことでようやく課税対象から外された。高額な税金が提示されていたのでやれやれだった。

水道の各戸引き入れ

これと同じようなことが、電気・水道の各戸メーターを取り付ける際にも問題になった。マンションと同じ共同住宅だから、水道料は各戸メーターで個別徴収にしたいと申し入れたが、東京都水道局は共同住宅ではないので認めないという。事業所の料金設定で水道料を計算すると、一般住宅のおよそ3倍になり、これでは到底入居者の理解が得られない。マンションなどの共同住宅と同じように考えてもらいたいと再三申し入れたが、水道局は頑として聞き入れない。そこで水道局長に以下のような要望書を提出した。

要望書

当施設の建設に当たり、種々ご配慮いただき有難うございます。当施設入居者の水道料を算出したところ種々の問題が発生し、将来この種の施設の問題点として起こってくるであろうことが危惧されます。この事で、前向きにご検討いただきたく要望する次第です。当パークヴィラは社団法人全国有料老人ホーム協会の会員です。現在建設中の建物は、高年者のための集合住宅です。日本は世界に例を見ないスピードで、高齢化社会を迎えます。それに対応するために考えられたシステムです。マンションと同じような生活方式を取りますが、高齢者を対象にしているため、生活をサポートする種々の試みがなされております。

そのために一般集合住宅に比し共用部分が多くなっております。

建設に当たっての原則

1．本計画は、高年者（60歳以上）のための集合住宅であること。

2．各住戸の水道光熱費は自己負担とすること。

この原則に基づいて、電気水道は各戸メーターを希望いたしました。電気は各戸メーターとなりましたが、水道はできないとのご指導で、その結果、施設側が各戸メーターを設置して代理検針、代理徴収することになります。

全使用水量を一計量単位とし、それに口径料金を適用すると、一般住宅に居住する利用者の料金との間にかなりの格差（水道料金が累進的のため約3倍となる）を生じ、入居者にはとてもご理解いただけない料金（入居前の料金と比較して）となり、施設側としても説得不可能です。また入居者はほとんどが定年退職者で、第一線から引退した方々です。

共同住宅扱いの都水道局の説明に、「全使用水量を一計量単位とし、それに口径料金を適用すると、一般住宅に居住する使用者との均衡を失い、低廉な生活用水の確保という水道の目的と矛盾するので、この矛盾をなくすための特例として、設定されたもの」と記されております。この施設でも、全く同様のことが言えるのではないでしょうか。この点をご勘案のうえ、よろしくご検討をお願いいたします。

今後高齢化社会を迎え、この種の施設が増加することは必至です。本施設は先駆的施設となると思いますので、入居者の水道料金の低廉化が図られますようご検討いただけたら幸いです。

よろしくご配慮、ご検討の程お願いいたします。

昭和59年1月13日

「共同住宅扱い」とは、一つの建物に複数所帯の水道使用者が居住する場合において、その使用者からの申請により、水道料金算定に際し、全使用料を均等按分し、それぞれの使用者に一般住宅と同じ料金体系を適用する扱いである。この書類を見つけたときは、本当に嬉しかった。それを基に要望書を提出し、その後も話し合いは続いたが、最終的に次のような合意を得た。工事の終わる頃、ぎりぎりで決着した。

回答

① 親メーター及び各住戸のメーターを、局の貸与メーターとし、経由方式で局が検針する。

② 住戸は20ミリメートル、共用部は40ミリメートルの引き込み口径の料率を採用する。

③ 配管系統は現状のままでよい。（経由方式を採用）

当時、全国の同業施設でこのような形で認可を得た例はほとんどなく、個人負担ではないから無駄な水が使われたので、高い水道料金に悩まされていた。このことを著書に書いたら、それを読んで運動が起こり認められるようになった。このような問題に個人で対応するのは大変で、有料老人ホーム協会などの組織が対応する問題ではないかと思う。この種の問題は他にもある。さまざまな問題が起こるが、役所の言うがままにならず、当事者が問題意識を持って解決していかなければならない。

近隣への説明

建設にあたって、地元住民など近隣の了解を得ることも苦労したことの一つだ。近隣への説明は条例により義務とされていた。当時は大規模な建物には必ず反対がつきもので、新宿のマンションでは大変な騒ぎが起こり、連日報道された時代だった。この高齢者専用住宅という、何だかわからない新しい施設の計画にも、当然反対があった。

近隣説明会を開催した後、全住戸の承諾印が必要だった。昼間は会えず、夜遅くお願いに回った家もあった。全員の承諾印は並大抵ではなかった。必ず2~3戸の反対はあるからだ。同意を得て協定書を作り、努力の末、建設許可が下りた。

説明会で配布した建設計画書を次に示した。極めて丁寧な説明だが、当時はどこまで理解されたか疑問が残った。少々時代を先取りしていて、実感としてご理解いただけない方も多かっただろうと思う。今、読めばこの主旨はさらに理解していただけるのではないだろうか。兎にも角にも、時代はここに書かれた通りの方向に進んできた。先見性のある意見だったと思う。

光が丘パークヴィラ建設計画書

今後半世紀には、日本は世界に見ないスピードで高齢化が進みます。高齢化人口の増加、扶養意識の変化、核家族化等高齢者を取り巻く社会環境は厳しく寂しいものであります。従って子供の有無にかかわらず、独立した生活を余儀なくされる高齢者が増加するでしょう。このことは経済成長による産業構造、就業構造の変化にも原因しております。従って、これからは高齢者自身で、老後の生活設計をしなければなりません。高齢者の独立生活に対する不安、不便、健康に対する不安、有病者にとっては医療に対する不安は極めて大きいと考えられます。

このニーズに応えるべく計画されたのが医療サービス付き高齢者専用住宅計画です。自分の意志で新しい生活をし、今後の人生を実りあるものにしたいと考える方々に集まっていただき、その目的のためにご支援する施設です。マンション、ホテル、病院の機能を併せ持った会員制のコミュニティです。高齢者の不安に対処すべく、プライバシーの保たれた安心して生活できる住居、高齢者に適した食事サービス、相談、助言、健康管理、さらに病気の際の処置、診療、場合によっては専門病院への紹介、入院等も行います。

区当局との折衝の結果、計画地西側の道路拡幅、北側には光が丘公園に接続する遊歩道のための土地提供を条件に許可されました。遊歩道は防災広場としての公園に通ずる避難道としても利用されます。遊歩道の整備は区により施工されます。建物には中庭を作り、芝生、樹木、花、盆栽を配し、訪れる入居者の家族をはじめ、近隣の方々にも自由に接触が持てる場とします。計画から設計まで、私達と一緒に、株式会社竹中工務店に総力を挙げて取り組んでいただきました。

都市建築は、もっと人にやさしくありたいと思います。その意味で、人々が集う空間作りは、建築の価値を左右する大きな要素です。私たちは、広場は敷地の余剰スペースではなく、建築そのものであると考え、長年にわたって建築に交流の場を調和させてきました。高齢者のコミュニティ、光が丘パークヴィラもその考え方を集約させました。これが建築設計者である竹中工務店の考え方です。

公園隣接地という立地条件を生かし、地域環境にマッチした、さらに地域環境を向上させるような施設作りを目指しております。建築、設備、環境整備など、許される範囲内でできるだけ理想的なものを考えております。建設に当たっては、周辺の皆様にご迷惑をおかけすると思いますが、ご理解、ご協力の程お願い申し上げます。

昭和56年7月30日

夢をカタチに

わが国初の返還金保証制度

「光が丘パークヴィラ」の計画が進行中、たまたまある同業者が倒産し、マスコミに連日取り上げられていた。厚生省（当時）にも「有料老人ホーム懇談会」が設置され、「有料老人ホームの健全育成と利用者保護に関する当面の改善方策」が提言された。その倒産は経営者のモラルに起因していたが、同業者に与えた影響は大きかった。私も挫折感を味わったが、入居者に安心していただくためには、何らかの形で保証する必要があると考えた。そこで、マンションの前金保証の考え方を高齢者住宅にも応用できないかと考え、取引のあった銀行と相談した。自分で作った8ミリ映画と模型を見せてPRしたところ、担当者は大変共感してくれ、ご支援いただくことになった。

当時、銀行はこの種の事業に大変関心を持っていたが、審査には慎重だった。しかし、当施設は事業用資産の買い替えにより総工費の7割近い自己資金を用意し、無借金だったから、運営には支障がないと判断された。担当者の働きかけもあって、返還金保証制度が承認された。これは、入居者に対し、死亡または退去時の返還金を保証する画期的なシステムだ。この種の施設ではわが国初となる保証制度で、着工と同時にプレス発表したから、反響は大きかった。「大手建設会社と大手銀行が高齢者施設として新しい返還金保証制度を導入した事業形態を事業主と共同で企画、光が丘パークヴィラで実現に成功、工事に着手した」という主旨の記事が新聞で発表された。その当日、タクシーで駆けつけ、日経新聞を片手に申し込みをされた方がいた。このご夫婦は身寄りがなく、最後の看取りまで暮らし、共同墓地に入られた第1号にもなった。

その後、バブル崩壊、景気低迷、低金利政策の中で金利が極端に低下したが、返金保証の利率は下げられず、負担が増加した。全国有料老人ホーム協会の入居者基金制度ができたこともあって、返還金保証制度は13年後に廃止した。立ち上がりの保証と考えた日本で初めての制度だが、13年も続けた。

新しい試みに注目が集まる

このような新しい試みだらけの高齢者施設を、マンションと同じように、老後の住宅の選択肢の一つに加えなければならないという思いが私にはあった。そのため、PR活動にも力を注いだ。中でも、基礎工事が始まった段階で取材を受けたNHKの報道番組は大きな反響があった。私は取材の席で「もう老人ホームという概念で報道するのはやめてほしい。新しい時代の高齢者専用住宅と表現してほしい」と頼んだ。経済もこれだけ成長したのだから、高齢者が選ぶ高齢者専用住宅ができてもよいはずだと主張し、その趣旨に沿って放送された。

また、外国からもたくさんの見学があった。韓国や台湾、中国は無論だが、珍しいところでは南アフリカの女性大臣、中南米の二世医師が、移民が高齢化したので高齢者施設を作りたいと見学に見えた。オープン後の1986年には、東京サミットに出席するために来日したアメリカ大統領に同行したCBSの同行取材班にも取材され、アメリカで放映され問い合わせがあった。アメリカではサンシティという大規模な老人のコミュニティが作られているということだったが、今はどうなっただろうか。いずれにしても、高齢者問題は世界中で大きなテーマになっているのだと痛感させられた。

初期に契約されたあるご入居者は、転居するとき、近所に挨拶に回ったら「お気の毒ね」と言われ、腹が立ったので「私は日本一の高齢者専用住宅に入るのだから幸せです」と言い返したと言っておられた。当時はまだまだこんな認識がまかり通っていた時代だったが、「今こそ高齢者施設に対する世間のイメージや意識を変えるときだ、脱老人ホーム、新しい高齢者専用住宅としてPRしなければ」と考えた。しかし、中には興味本位の報道もあった。私の趣旨に反した取材はお断りし、正しく伝えてもらうように努めていった。次第に私の理想が理解され、マスコミの記者が「私も年をとったら入りたい」と言うようになった。それから一般社会にも理解され、定着していったように思う。

入居者第1号

ここまでの話が、高齢者専用住宅、「光が丘パークヴィラ」誕生の発端だ。発想から約10年かかったが、紆余曲折を経て、1985年に「光が丘パークヴィラ」がついに完成した。当時、診療所に集まる高齢者から多くの情報を得た。当時は養老院、老人ホームというとミゼラブルなイメージがあり、それらを払拭した、高齢者が胸を張って住める高齢者専用住宅をめざした。介護保険もない時代だから、試行錯誤を繰り返したが、職員一人ひとりの協力のもとで築き上げられた。目配り、気配り、心配りを大切に、愛情をもって高齢者に接してきた。こうして「光が丘パークヴィラ」は、日本の草分け的な高齢者専用住宅になった。

今になって振り返れば、当時描いたイメージ通りの施設になったと思う。これまでお会いした全てのご入居者一人ひとりが心に残っているが、その中から代表して二組のことを記しておこう。

一組目はやはり待望の入居者第1号。ご高齢のご夫妻で、まだ建物ができない、プレハブの仮設事務所に、日本経済新聞の返還金保証制度開発の記事を片手にタクシーで駆けつけ、申し込みをされた。高齢者専用住宅というこれまでにない新しいコンセプトを提案しているときに、理解されるか不安の中の旗揚げだったから、大変感動し、元気づけられたのを覚えている。

このご夫婦とは多くの思い出がある。子供がいないからお元気なうちに遺言書を作ろうと、迷いながら何通か書いた。迷った挙句、信託銀行の遺言信託が一番良いと考えられ、施設の遺言信託第1号となられた。その内容は、お二人とも亡くなられたら財産は総て「光が丘パークヴィラ」に寄付するとしてくださった。この一連の迷われた経過と決断は、当時の日経新聞でも紹介された。

お二人はご自分の最期の看取りについても誰よりも早く言及され、リビングウイル（生前指示書）を渡された。最初に亡くなられたのは拡張性心筋症のあるご主人で、寝込むことなく、朝、奥様とご一緒にパンを食べているときの一瞬の死だった。この見事な死にも感動した。財産は奥様が相続され、しばらくしてから奥様もケアセンターで亡くなった。感謝されながらのご逝去だった。お二人の遺骨は、「光が丘パークヴィラ」の共同墓地に埋葬され、これも第1号だった。ご寄付いただいた財産は、その後の住宅の発展のために有効に使われ、創業期の苦しい経営の助けになった。遺言書とは別に手紙が残されており、そこには私の日常の対応をつぶさに観察されたうえで遺贈を決めたと記されていた。

この一件は、私の「光が丘パークヴィラ」にささげる生き方を決定づける出来事だった。この御恩は決して忘れられない。今でも共同墓地にお参りするたびに感謝している。その後も身寄りのない方から幾多のご支援をいただいた。重ねて御礼申し上げたい。こうした皆様のありがたいお気持ちが、この36年間、ほとんど休みもなく働いてきた私の原動力になっているのだ。人間は一人では生きられない。助け、助けられて生きている。この感謝の気持ちは決して忘れまいと思う。人間一生のうちではひどいことをされることもあるが、こんな嬉しい話もあるのだ。プラスマイナスゼロなら良いではないか。これが私の人生観になった。

本田宗一郎さんの僚友

もう一人は、本田技研（通称ホンダ）の創業者、本田宗一郎さんと創業時代から一緒に苦労し、その人となりをそばで観察した方だ。ロビーでお話を聞きながら話が弾み、感銘を受けたことが多かった。本田宗一郎さんの父親は腕の良い鍛冶屋さんで、鉄砲の修理までやったという。父親の死後、母親は一人で苦労し男6人、女2人の子供を育てたそうだ。本田宗一郎さんは以下のような話をしたという。

「人間には権利があるけど遠慮するということがあるから、権利というものが高く評価されているんだよ。権利を高く評価するのは、遠慮があるからだ。100%ある権利を100%使うのではなく、それをまあ半分くらい使っていた方が良い。半分くらい使うからして、要するに50%が信用とかいろいろなものになって、あの人はいいと評価されるわけでね。手前の権利をフルにつかった日には、権利と権利がぶつかり合っちゃう。親父がこう言った。『宗一郎、お前はこの1尺の物差しでどこが真ん中だ？』と、そう聞くから『5寸だ』と答えたら、バカっと怒られちゃった。1尺の物差しは

5寸が真ん中じゃないと。真ん中は、こっちから4寸行って、向こうから4寸来て、2寸残ったところが話し合いの場だから、これが真ん中だと言った。話し合いの場が真ん中なんだ。それを残さず、お前のようなピンボケではだめだ。何でもかんでもやっつけてやるというのはよくないと言ってすごく怒られた。真ん中というのは4寸、4寸のところだそうだ。するとそこへ、ちゃんと話し合いできる人が立ってくれる。話し合いができる余地が残っているから、自分たちでも工夫すりゃあ、そこで話ができるっていうんだ。人が入ってくれる場所を残せということだ、ぶつかったら、向こうの行動がわからないですよ。やっぱり真ん中は4寸、4寸だよ。おまえは本当に5寸まで行っちゃうからいかん。6寸も行っちゃうじゃねえかって怒られた——」

私も若いころに、他人を批判したら父親に怒られた。「世の中にはいろんな考えの人がいる。すべてお前と同じ考えだったら、世の中はつまらなくなる。泥棒もいるから、おまえも善人になれるのだ。いろいろの考えの中で自分をコントロールできなければ駄目だ」と教えられた。人間には100%はないのだ。10%~20%は残しておかないと議論にはならないのだ。行く道ばかり考えるのではなく、帰る道も残しておけと。昔、苦労した人の話だから共感した。私もこれから心しようと。

本田技研は、戦争中小型無線機に使っていた小型エンジンを戦後に払い下げてもらって、それを自分で自転車に付けることから始まったそうだ。本田さんが自ら研究して自転車にエンジンを付けたら飛ぶように売れた。それから2輪車、4輪車へと発展したが、本田宗一郎さんはいつも先頭に立って指揮し、エピソードを残した人だったという。指導者たるもの、自分が体を動かして指導しなければ、皆がついてこない。そして他人に感動を与えるような生き方をしなければならない。良い教訓だ。

夢を結集した建築の想い

さて、高齢者が胸を張って住める終の棲家となることをめざして試行錯誤してきた「光が丘パークヴィラ」だが、その建築についても触れておこう。終の棲家とは、最期の時を迎えるまで心安らかに暮らせる場所ということだ。我が家とはいかなくても、我が家で暮らすような感覚で、いや、我が家で暮らすよりももっと安心・安全で、快適に、楽しく暮らせる場所を作らなければならない。建物を作るにあたり、私は建築主として基本理念を設計者に提案した。

①　高齢者が安心して老後を託し、生き生きと暮らせるシステムを持った施設を実現させること。

②　緑に恵まれた周辺環境に調和した、落ち着いた雰囲気の質の高い建物を創出すること。

③　高齢化社会への移行の中で、従来の老人ホームの収容所的イメージを払拭した、新しい形の高齢者専用の集合住宅とすること。

④　高齢者の住居であることを十分配慮した安全性と、管理方法を配慮すること。

⑤　ホテルの機能性、マンションの気安さ、家庭の味、専門的ではないが病院機能、これらが調和した建物をめざす。

これに対し、設計者から次のような提案が示された。

①　光が丘公園に隣接した、緑多い緩やかな傾斜地という条件を十分に生かした、周辺環境をより高める建物を実現する。
②　居住部の独立性、共用部のホテル的性格、診療部の機能性、そしてそれらを有機的に結びつける管理部が調和した施設とする。
③　高齢者が、安心して快適に暮らせるばかりでなく、精神的に華やいだ気分になる施設を具現する。
④　居住部、共用部での24時間の安全システム及び健康管理システムを持った建物とする。
⑤　入居者が、近親者や近隣の人々と自由に接触できるような、閉鎖的でない施設とし、都心型有料老人ホームのモデルとなることをめざす。

この理念を具体化するために綿密な打ち合わせを行い、共同でまとめた基本設計思想が以下の5項目である。

① 長大な建物による威圧感を排した形態と、環境に融和した色彩により、周辺環境に調和させた建物。
② 光・風・緑が四季折々、さまざまに語り掛けてくるような平面及び断面構成。
③ 居住部、共用部と診療部・管理部を、動線計画により有機的に結合させ、また時間帯によってそれぞれを結びつけた24時間安全管理システム。
④ 落着きとくつろぎの中にも、心地よい緊張感の漂う空間を意図したインテリアと、安全を充分に考慮した仕上げ材、ディテール。
⑤ 入居者の住まい方によって、光熱費の低減が可能なきめ細かい設備システム。

さらに、建物の設計にあたっては、以下のような考え方も確認した。

① 入居者は不特定多数、しかも定住する高齢者である。人生の終末を過ごす場所、趣味については多種多様である。華美に走らない落ち着きを求めていることを面談で感じた。

② 従ってホテルとは違う。定住する終の棲家であり、飽きのこない建物であること。

③ 建物の外観も落ち着きがあり、周囲の環境に調和した、周囲環境を向上させるような建物、周囲から浮き上がった建物では困る。外から帰ってほっとするような建物であってほしい。

④ ホテルの機能性、マンションの気安さ、家庭の味、専門的ではないが病院機能、それらが程よく調和した高齢者の暮らしやすい住まいを。

ずいぶん注文の多い建物である。設計者にはこの多彩な注文によく応えていただき、良い建物ができた。ご入居者からは「旅行から帰り、この建物が見えるとホッとする」と、まさに期待した通りのお言葉をいただいた。周辺環境にもしっとり溶け込んでいる。

増改築と新たな試み

このように想いを込めた建物も、最初の建設から36年を経て、老朽化が否めなくなってきた。そこで、2020年に大規模な増改築を行い、新たに広いタイプの居室と、デイルームを備えた中間介護棟を建設する運びとなった。増改築にあたっては、従来のコンセプトを不易流行の精神で継承する建物を、とお願いした。住まう人、地域の人、働く人にとってのバリューアップをめざして、以下のような計画を立てた。

① 計画 Plan

・動線の強化により、運営の円滑化、入居者へのサービス向上をめざす。
・暮らしに豊かさや彩を付加する居場所を作る。
・新たな住戸タイプを加え、多彩な生活ニーズの受け皿を作る。

② 外観 Façade

・36年の経過を経て、街の風景となった既存建物のアイデンティティーを継承する。
・今日まで培われてきた文脈に沿いながら、新たな息吹をそこはかとなく感じられる外観作りをめざす。
・住まう方が個性を輝かせ暮らしている、そのさまを映し出すような、生き生きとした風景となることをめざす。

③内部　Interior

・時を重ねて作られた、落ち着きと輝きが調和する心地よい空気感を大切に、素材感のある仕上げ材をシンプルに構成したヴィンテージ＆モダンのデザイン。
・親しみ愛される住まいをめざす。

完成した新棟は、創設の際の設計者の意図が引き継がれ、遜色ない建物ができた。植栽にも配慮が行き届き、地域に溶け込み、地域環境を引き立てるような建物だ。気に入っていたタイルの色が引き継がれ、一体感は見事だ。その中に近代的なデザインも入れて、グレードの高い建物になった。期待した以上の建物で、満足している。

建築には夢があり、設計者により夢が膨らんでゆく。今回、タイルの色には苦心し、設計者と東京中を見て回った。創設時は九州の窯で焼いたタイルを使用したが、同じものはなくなっていたからだ。現在のタイルは電気釜で焼くため、皆一様に仕上がる。何度も焼いて風合いを近づけたが、昔の手焼きの窯のような味は出なかった。それでもタイルの色にこだわってできるだけ近づけることで、地域の緑に溶け込んでゆく違和感のない建物に仕上がった。増改築した東棟と中間棟をご紹介しよう。

○東棟

以前から「もう少し広い部屋がほしい」との希望があったため、Cタイプ（55・2㎡）、Dタイプ（62・1㎡）の居室が作られた。光が丘公園の森林を望める良い環境だ。東棟の屋上からは公園の森林、「光が丘パークヴィラ」の建物全体が見渡せる。夏の花火は絶景だ。

○中間棟

居住棟とケアセンターの間

東棟概観

東棟モデルルーム

には中間棟ができた。ケアセンターと居住棟が結ばれ便利になった。出入口はカードチェックがあり、セキュリティも万全だ。

地階は第2多目的ホール（ミニイベント、研修会、ときには斎場）としても使われる。1階・2階・3階にはデイルームが作られ、居住棟の要介護者は1階のデイルームで、ケアセンター利用者は2階・3階のデイルームで、日中できるだけ過ごしていただきたいと考えた。高齢化で長い老後を看ることになり、居住棟で生活を営んでいるものの、24時間介護のケアセンターに入る以前の不自由な方が増加したからだ。居室で転ぶと起きられない方もおり、また居室での孤独感解消のためにも役立つだろう。目の行き届くことが一番重要で、デイルームは要介護者の支援には良い環境だ。職員の目の行き届く環境で安心して過ごしていただくことができ、景色もよく、テラスに出れば花壇もあり快適な環境だ。

中間棟出入口
セキュリティに守られた出入口。

当施設では「中間介護」と呼んでいるが、介護する側から見れば居室のべったり介護より効率的で、省力化にもつながるだろう。べったり介護から中間介護へ、新しい老人ホームの仕組みになるだろう。

良い建物ができると、それにふさわしい命を吹き込んでゆかねばならない。私たちに課せられた課題だ。

中間棟外観
本館とケアセンターの中間にあり、両者の連携地点になっている。まさに中間施設だ。

デイルーム
1・2・3階に、機能別デイルームを作る。

「終の棲家」としてのこだわり

我が家で暮らすような感覚で、最期の時を迎えるまで心安らかに暮らせる「終の棲家」にするためには、建物だけでなく、それ以上に中身もさまざまな点にこだわった。

第一に、内観は華美に走らず、ゆったり過ごせる空間。短期間の滞在ではなく終の棲家なのだから、長く住んでも飽きのこない落ち着いた雰囲気が必要だと考えた。また、延べ床面積の50％を共用部として確保した。玄関、ロビー、廊下、庭など一つひとつの空間の広さが心をほっとさせる。食堂や浴室もゆったりしたつくりになっており、多目的ホールや和室の大広間、防音設備も完備した娯楽室など、思い思いに日々の生活を楽しめるよう、さまざまな共用施設を用意した。

第二に、気兼ねなく集団生活を送ってもらえることを重要視して、趣味や娯楽は自発的なものをお手伝いすることとした。どんなに施設が充実していても、煩わしいしがらみや不愉快な思いをしてまでそこで生活しようとは思わないからだ。イベントや団体行動は極力少なめにし、趣味の活動などに必要なものはご希望を聞いてから入れることにした。趣味や娯楽などは年齢とともに変化していくため、自由度を持たせて作ったのは正解だった。

第三に、食事は当たり前の家庭料理をおいしく食べてもらうことにも気を使った。高齢者の食事の基本は家庭料理だ。だが、当時の給食業界では老人食対応への関心は高まりつつあったものの、まだ芽が出始めたばかりだった。そこで女子栄養大学から専門家を招いて調理師の指導をしてもらった。今では高齢者向けの宅配弁当も普及する時代となり、当施設でもおいしい家庭料理を提供できるようになっている。ただし、長年親しんだそれぞれの家庭の味を持った人たちが集まっているのだから、皆の口に合う味をつくることは難しい。今後も工夫していかねばならないだろう。

第四に、生活から介護・看護・医療まで複合的な支援を提供することに構想し始めた当初からこだわった。入居したときはお元気でも、いずれは老化し、障害を持ったり病気にかかったりして不自由になられる。そのときを見据えて体制を整えておかなければ安心の住まいにはならない。健康面をケアする診療所は、最初、居住棟（本館）と同じ建物内に医療法人社団祥和会中村内科クリニックを置いた。2階に介護室を作り、１０３戸の居室数に対して約10％の収容数でスタートしたが、その後、利用が増えてより多くのベッドを確保する必要性が出てきた。また、病人や障害者のプライバシーを守る必要もあるし、居住棟で暮らす元気な方と混在しては住環境が壊れる。そのため１９９４年に別棟を建ててケアセンターを開設した。より充実した対応ができるようになり、介護保険法が施行されてからは特定施設に指定されている。

居住棟に暮らしていた方が具合を悪くした場合に、どの時点からケアセンターに移り住むのかは見極めが難しく、必ず一定の観察期間、ご理解の期間を設けてきたが、２０２０年に中間棟を増築したことで、その期間もよりよい生活を送り、必要になったらケアセンターに移り住むという移行がよりスムーズになるのではないかと期待される。

第五に、最期を迎えた入居者の看取りと斎場、お墓まで用意することも重要だ。建設時は、本館の半地下にあるトランクルームの隣に斎場を置くための部屋を作った。しかし、ここで葬儀を行っては他の入居者にご迷惑がかかってしまう。そこでケアセンター開設と同じ年に、隣接してカルチャー棟を作り、その２階の集会室を斎場として利用することにした。葬儀の場所が本館から分離され、離れたところで行えるようになったので、入居者も気持ちが楽になったのではないかと思う。増改築後は、新棟の第2多目的ホールを利用する。

さらに、いろいろな事情をお持ちの方が入居されるだろうから、墓地の問題も必ず起こるに違いないと考えた。当初、私の菩提寺に頼んで納骨堂を建てたが、宗教・宗派や曖昧な永代供養の費用などの問題があり、まずは葬儀社にお願いして明瞭な料金体系を相談した。そして宗派にかかわらず埋葬できる墓苑を購入し、宗教色を出さない共同墓地を建てた。墓石には「安らかに」と刻まれている。

開設から36年を経過する中で、ご入居者の変化に合わせて、対応が変化している部分もある。しかし、大切なコンセプトは一貫して変わらない。ここで暮らす高齢者の実態をよく理解して、具合が悪くなったら最期の看取りまで寄り添い、葬儀、お墓まで受け持つ。これこそ安心の終の棲家だ。

因みに、私の母親、妻の両親の3人も、それぞれ10年の介護・看護ののち、「光が丘パークヴィラ」で看取った。母親は108歳と大変長寿だった。子供は男5人いたが、老々介護となり、しかも一番末子の私が看ることになった。私に限らず、今は2人の夫婦で4人の両親を看取るといったことが現実化しており、少子高齢化社会ではなおさらだ。もはや看取りは社会問題化しており、看取りができる施設がますます重要になるだろう。当施設の先見性はここにあったと自負している。1人の高齢者を看るだけでも大変なことなのに、120人を看る。しかもこれまで述べたようなコンセプトを貫く、その努力は並大抵ではなかった。今までにない高齢者専用住宅を作るのだから、新たな問題が次々に起こった。それでも職員の協力を得て、一つひとつ解決しながら今日に至っている。

第2章

36年で高齢者の暮らしはどう変わったか

統計から見る「光が丘パークヴィラ」の変化

高齢化の波

本章では、開設から36年で「光が丘パークヴィラ」がどのように変わってきたのか、さまざまなデータから紐解いてみたい。

入居者の平均年齢は、開設した1985年時点で72歳だったものが、2020年時点で87・5歳にまで上昇し、平均寿命を超えている（図表1）。この傾向はいつまで続くだろう。母集団が変わらないから当然だろうが、どこで止まるか予測がつかない。入居者の今までの最高齢

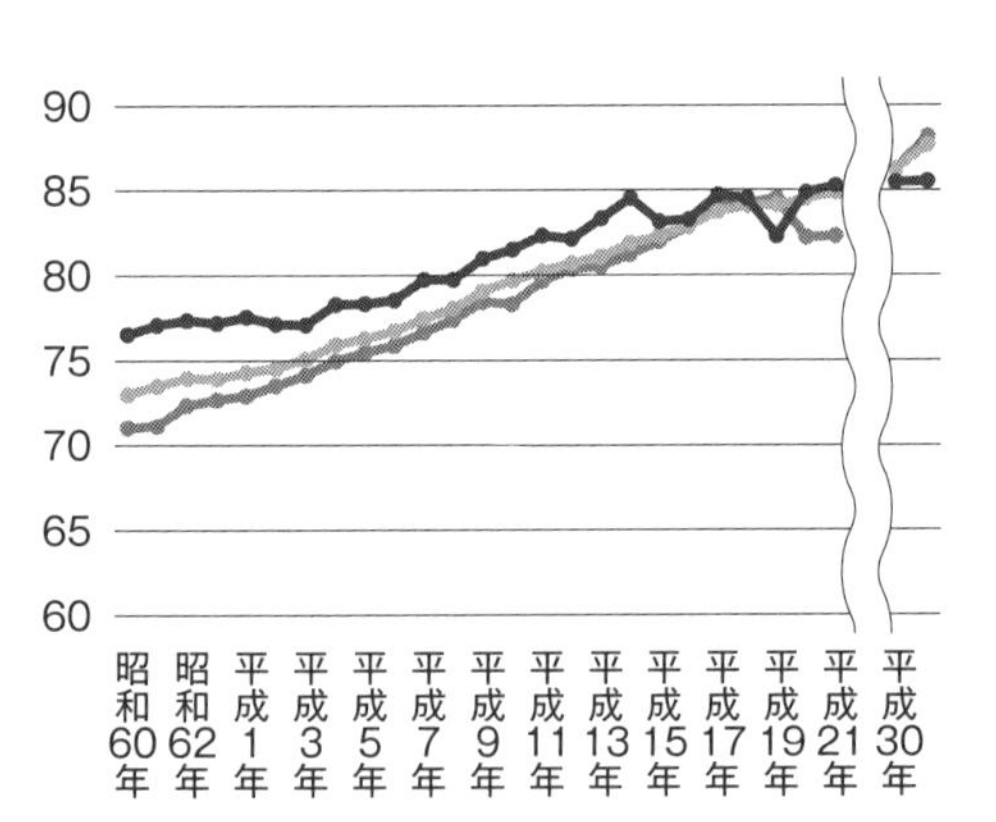

図表1　光が丘パークヴィラ入居者の平均年齢の変遷

は１０８歳。１０５歳、１０３歳など現在１００歳以上が5名おられる。「人生１００年時代」が現実化しつつある。

また、２０２０年時点での入居者の年齢分布を見ると、85歳〜89歳が多く（図表2）、高齢化は右方上がりだ。

入居を希望されるときの年齢も高齢化している。開設時5年間の入居希望時年齢が平均71歳だったが、最近5年間は80歳に上がった（図表3、4）。入居を希望される時点で90歳代の方もおられる。社会の超高齢化を如実に反映しているといえるだろう。

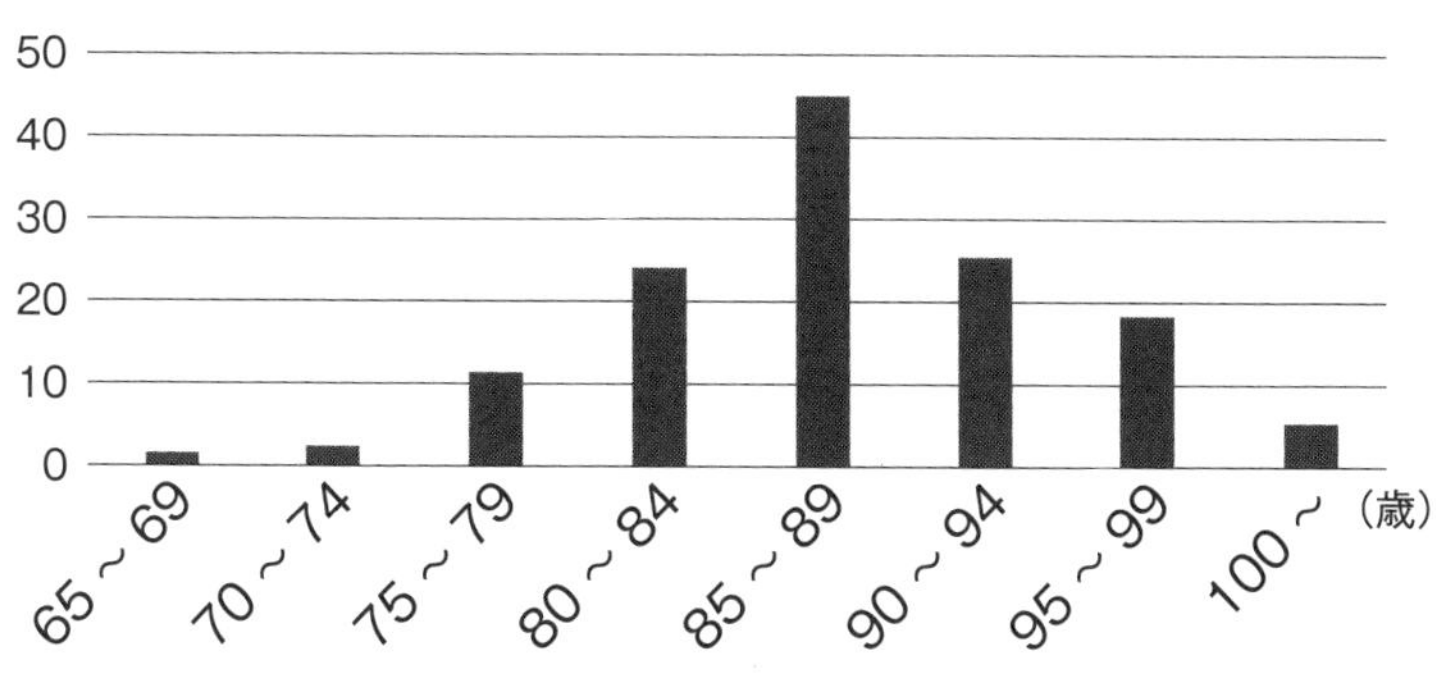

図表2　入居者年齢分布（2020年11月25日現在）

※滞在期間の長期化

ケアセンターへ限っての滞在期間を見てみると、1年以上が多く、平均3年〜4年で、病院と比べ長期利用となっている（図表5－1、2）。今までの最長滞在期間は19年で、15年も1名おられた。それだけ高齢になっても住める居場所となっているということであろうか。

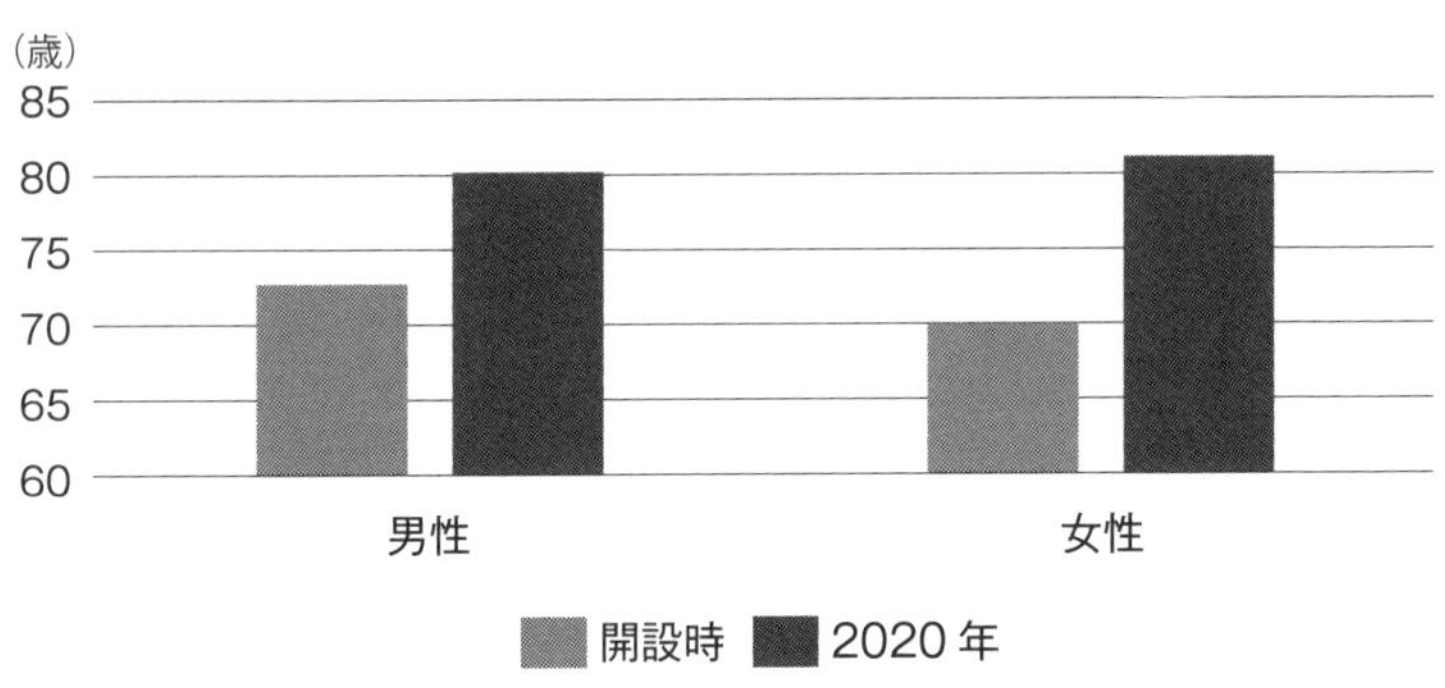

図表3　入居希望時年齢

	男性	女性	平均	入居者平均年齢
開設時５年間	73	70	71	72
現在の５年間	81	79.5	80	87

図表4　入居希望時の平均年齢

入居するときの年齢も高齢化しているが、入居してからの滞在期間も長期化している。１９８５年から２０１２年まで27年間にわたる入居者居住期間を調べてみると、図表６のごとく、入居から15年を境に二峰性を示した。平均余命から考えると、経過

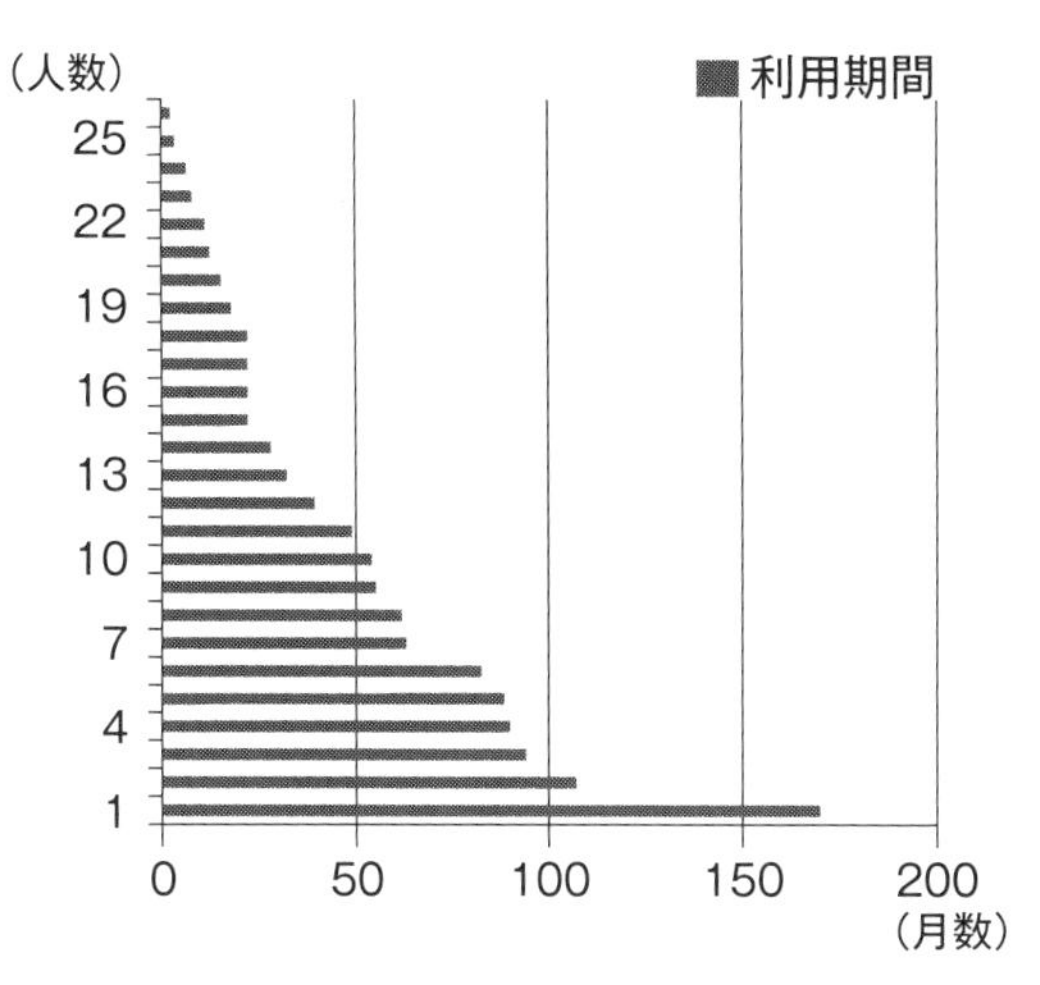

図表5-1　平成24年度ケア利用者の利用期間（月数）

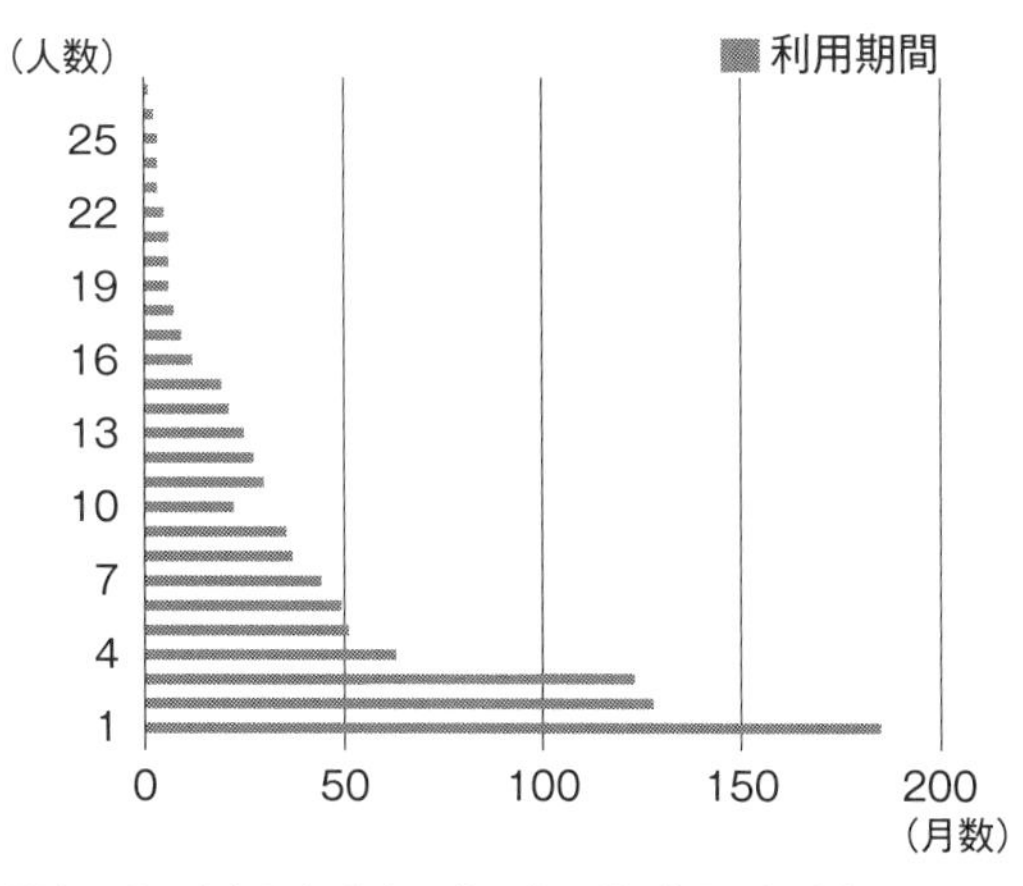

図表5-2　令和元年度ケア利用者の利用期間（月数）

年数とともに居住期間も短縮すると考えたが、現実は予想外の結果を示し、15年を過ぎると、滞在期間が延びるとともに、入居者数も増加した。このことから、単に平均余命から入居期間を推測してさまざまな経営上の設定をするのでは不適切ということがわかってきた。私自身は「高齢者の多くは70代で大病をするが、それを過ぎると長生きする」との仮説を立てたが、それに見事に一致した。15年を過ぎると長期滞在者が上昇するカーブは今も続いている。2020年時点で、入居30年を超える長期滞在者が70名おられる。

図表7は2014年時点の入居者居住期間、図表8は2014年までの死亡者の入居期間だ。

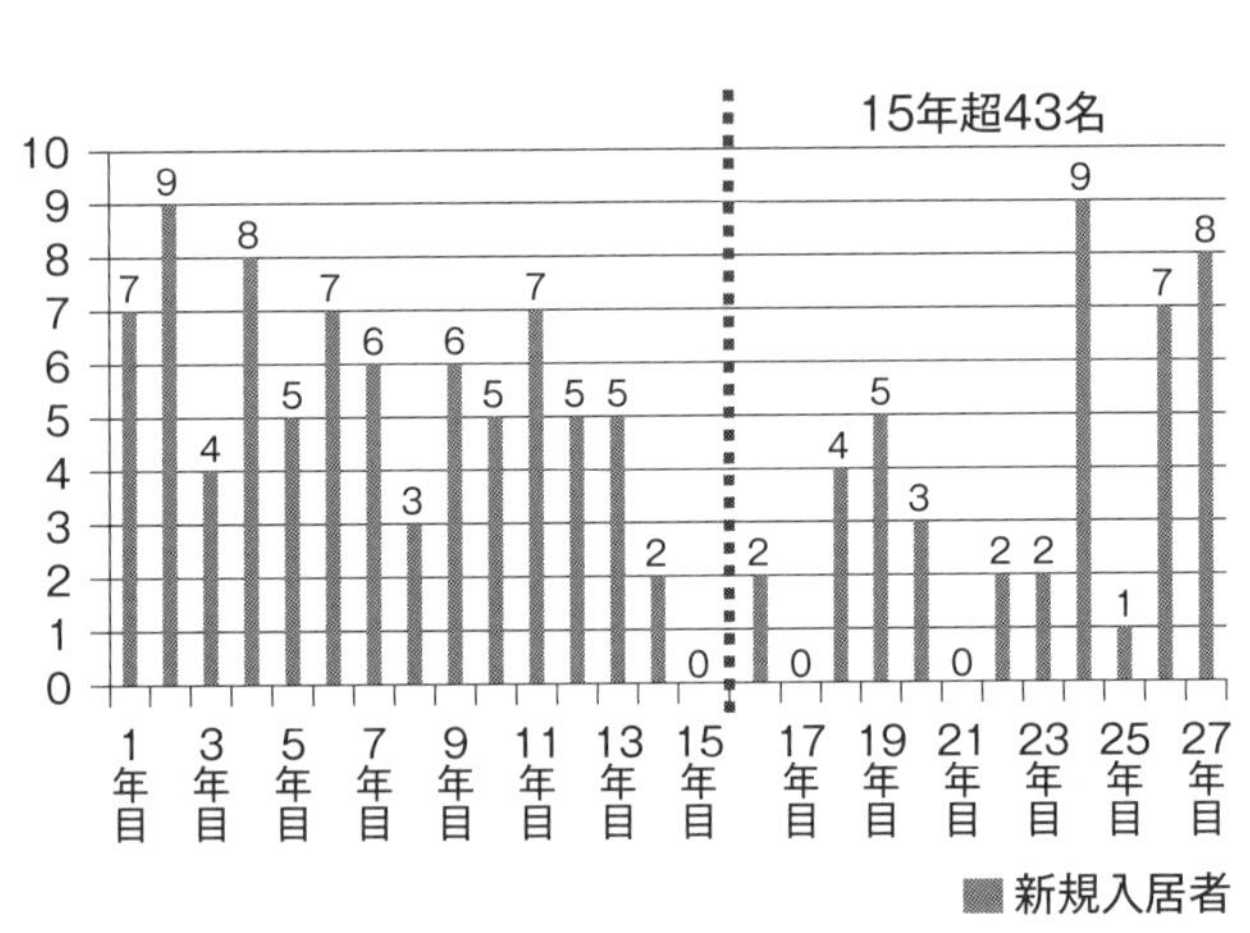

図表6　入居者の居住期間

両図ともに15年以上の居住期間滞在者が少なくないことがわかる。入居者の居住期間が長くなるということは、長期滞在の末に亡くなる人の予備軍となる。両者を重ねてみた図表が図表9だ。15年経過後の死亡が変わらず多いことが示された。

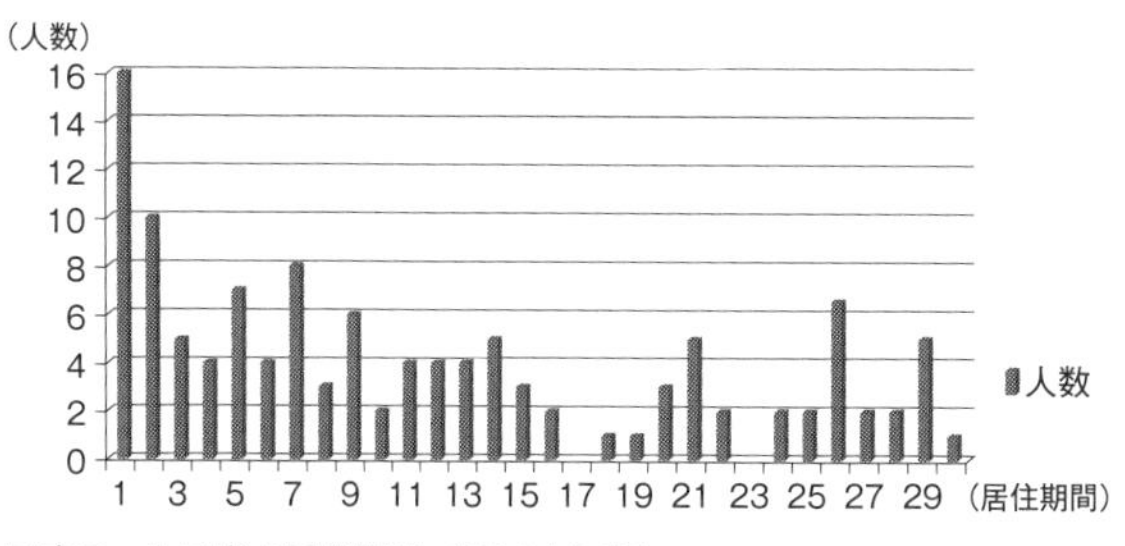

図表7　入居者の居住期間（2014年度）

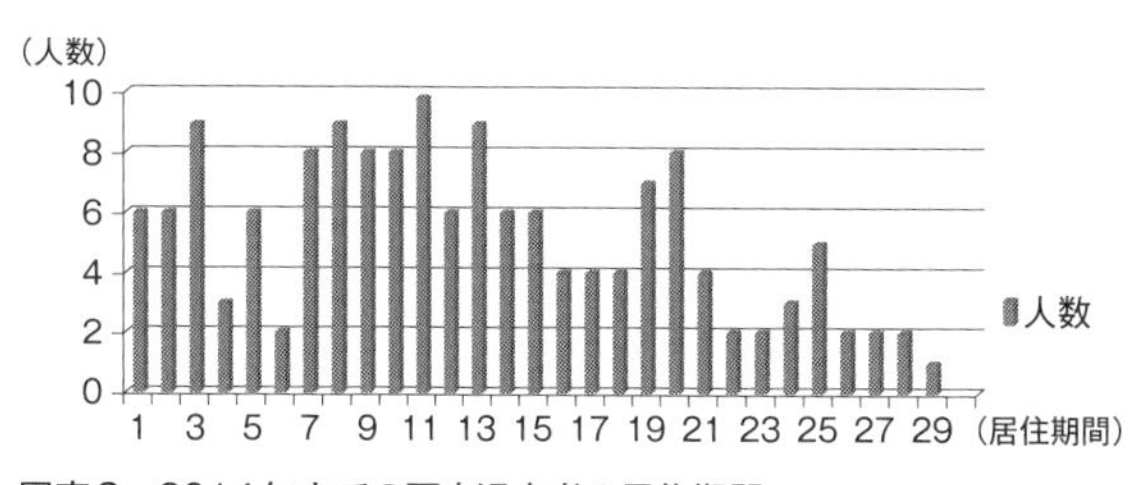

図表8　2014年までの死亡退去者の居住期間

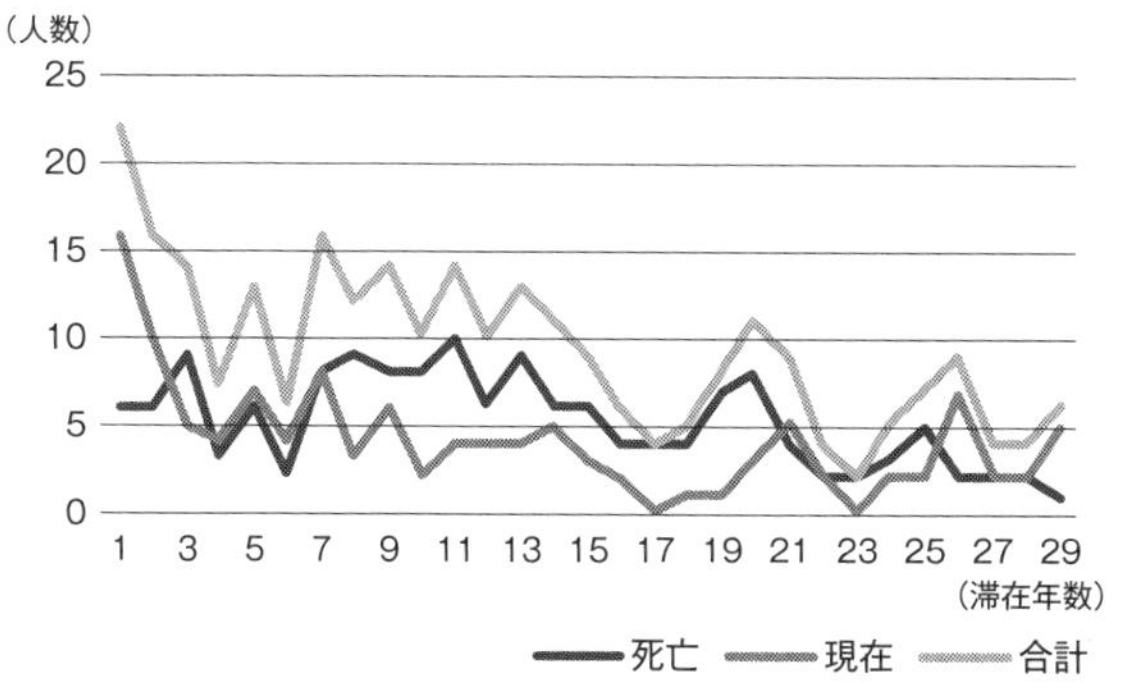

図表9　死亡者・現住者の合計滞在期間別人数（2014年度）
（図表7、8を重ねた表。縦軸に人数、横軸に滞在年数を示した）

想定居住期間と入居金の算定

一般的には高齢になるとともに平均余命は短縮する。「光が丘パークヴィラ」の入居者が一般に比べて長寿であることは誇らしいことであるが、一方で頭を悩ませることになったのが、入居金の算定である。

「光が丘パークヴィラ」は入居してから終身にわたって必要な経費を入居契約時に一括してお支払いいただく前払金制度を導入してスタートした。これは大まかに言えば、家賃に想定居住期間を乗じた額を算定して入居時にお支払いいただき、想定居住期間内で退居された場合には、その分を日割り計算して返還

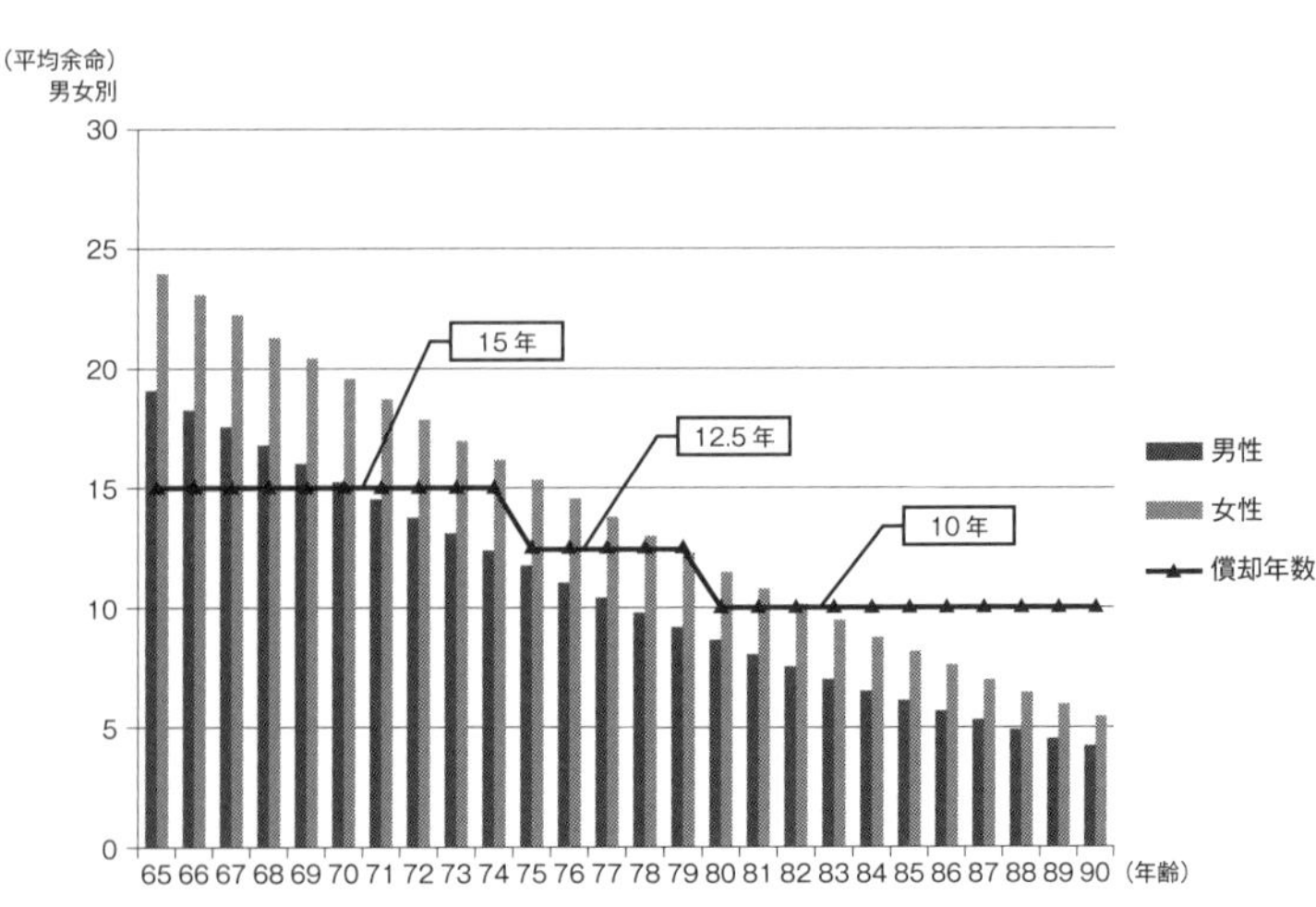

図表10　償却期間

する仕組みだ。償却期間後は入居金の償却（家賃）はなくなる。当初、平均余命から償却期間を推定し、80歳までは15年、80歳から85歳で12・5年、85歳以上は10年と償却期間を決めた（図表10）。それが妥当と考えていたが、実際に入居した高齢者は長寿で、予想外に滞在期間は長期化した。

想定を超えて居住期間が長期化するということは、家賃の未収分が増えるということだ。これは当施設に限らず、全国の有料老人ホームについても言える問題だろう。長寿化の波を反映して、2015年に「有料老人ホーム設置運営標準指導指針」が改定され、契約形態などの見直しが要請されたことに基づき、当施設でも想定居住期間を図表11のように変更した。

また、このときの改定で、前払金制度を導入する施設においては、想定居住期間の設定を見直すとともに、その想定を超えて契約が継続する場合に備えて一定額を非返還金として受領できるようになっ

入居年齢	想定居住期間	非返還金割合
65～69歳	17年	10%
70～74歳	15年	10%
75～79歳	13年	10%
80歳以上	11年	15%

図表11　光が丘パークヴィラの想定居住期間と非返還金割合（現状の料金体系とは異なる）

た。いわば相互扶助のリスク軽減措置である。ただし、これは国の試算額の範囲内での金額変更でなければ認められない。価額設定は、建物・土地の評価はなく、近隣家賃から決められた。マンションのように投下資本で評価されず、特に都市型施設では大変だった。国の統計よりも平均余命も居住期間も長い当施設にとっては、負担が大きくなる。しかし、採算性ばかり優先させたのでは入居金が高額になり入居者が耐えられない。提示された国のモデルに沿って、できるだけ想定居住期間と非返還金の割合を抑える方向で努力した。ただし、これで将来にわたり十分かというと、とてもそうは思えない。

入居金の算定は、施設によってまちまちだが、自立型か介護型か、看取り対応まで行うかなど、その特性によって事情は異なり、一律には決められない。入居する側とすれば決して安いとは言えない入居金であるが、こんな問題点もあることを知っておいてほしい。しかし、入居者により良いサービスをと追求した結果、経営に負担を強いられることになっても、やはり入居者が長くお元気でいてくださるのは嬉しいことだ。

✕１００歳老人は現実化

「人生１００年時代」の到来が叫ばれているが、長寿化は予想を超えて進んでいる。「光が丘パークヴィラ」には、開設以来、１００歳を超えるいわゆる「１００歳老人」は18名おられた。そのうち、現在生存しているのは5名で、うち自室で生活している方が2名おられる。13名の死亡原因は老衰だが、総じて、長寿の方は誤嚥性肺炎で最期を迎えることが多い。これは自然死だと私は見ている。誤嚥性肺炎とは、物を飲み込む機能の障害によって唾液や食べ物、胃液などと一緒に細菌を気道に吸引してしまい、肺に炎症が起こるものである。食事中、唾液や食べ物を飲み込むときに誤って気管に入ってしまう誤嚥とは異なる。

１００歳以上の長寿者の内訳を図表12・13に示した。現在も自室で生活している2名のうち1名は、自分一人で買い物にも行ける１０３歳の女性だ。マージャンも楽しんでおられる。98歳のときに腸閉塞を患い、何があるかわからないから手術はできないと言われたが、年齢に比べ健康度が高いからと手術をお願いしてお元気になった。

高齢になると、暦年齢ではなく、健康度で治療法も判断する必要がある。

いわゆる「１００歳老人」の増加は次第に顕著になっていると実感しているし、こんな流れを見ていると、本当に１００歳老人の時代が来るような気がする。見守られて淡々と生きているからだ。１００歳を超えて長生きする方の多くは、顕著な持病がなく、認知機能の程度によって生活パターンが変わってくることが示されている。食事の見守りがあれば、誤嚥も抑えることができる。そして口から食べられなくなれば最期を迎える。持続皮下注射で2～3か月補液しながら、安らかな死を迎える。誤嚥性肺炎を起こすことが多いが、それに注意すれば長命だ。苦痛の少ない、やさしい介護・看護で最期の時期を見守りたい。

人間はいくつまで生きられるか。ギネスブックに１２２歳の報告があるが、１１９歳が最高との説もある。日本人の最高年齢は１１８歳だ。元気な90代の高齢者も増加しているから、１００歳予備軍も多くなった。この傾向はまだしばらく続くだろう。長くなった老後を寝たきりではなく元気で過ごしてもらうためには、60代、70代の頃から、健康管理、栄養管理、リハビリ体操、日常生活にどう刺激を与えるかが課題だ。

年齢	死亡	生存	合計
108歳	1	0	1
105歳	1	0	1
103歳	1	2	3
102歳	3	0	3
101歳	6	1	7
100歳	1	2	3
合計	13	5	18

図表12　パークヴィラ100歳以上の長寿者（2020年8月現在）

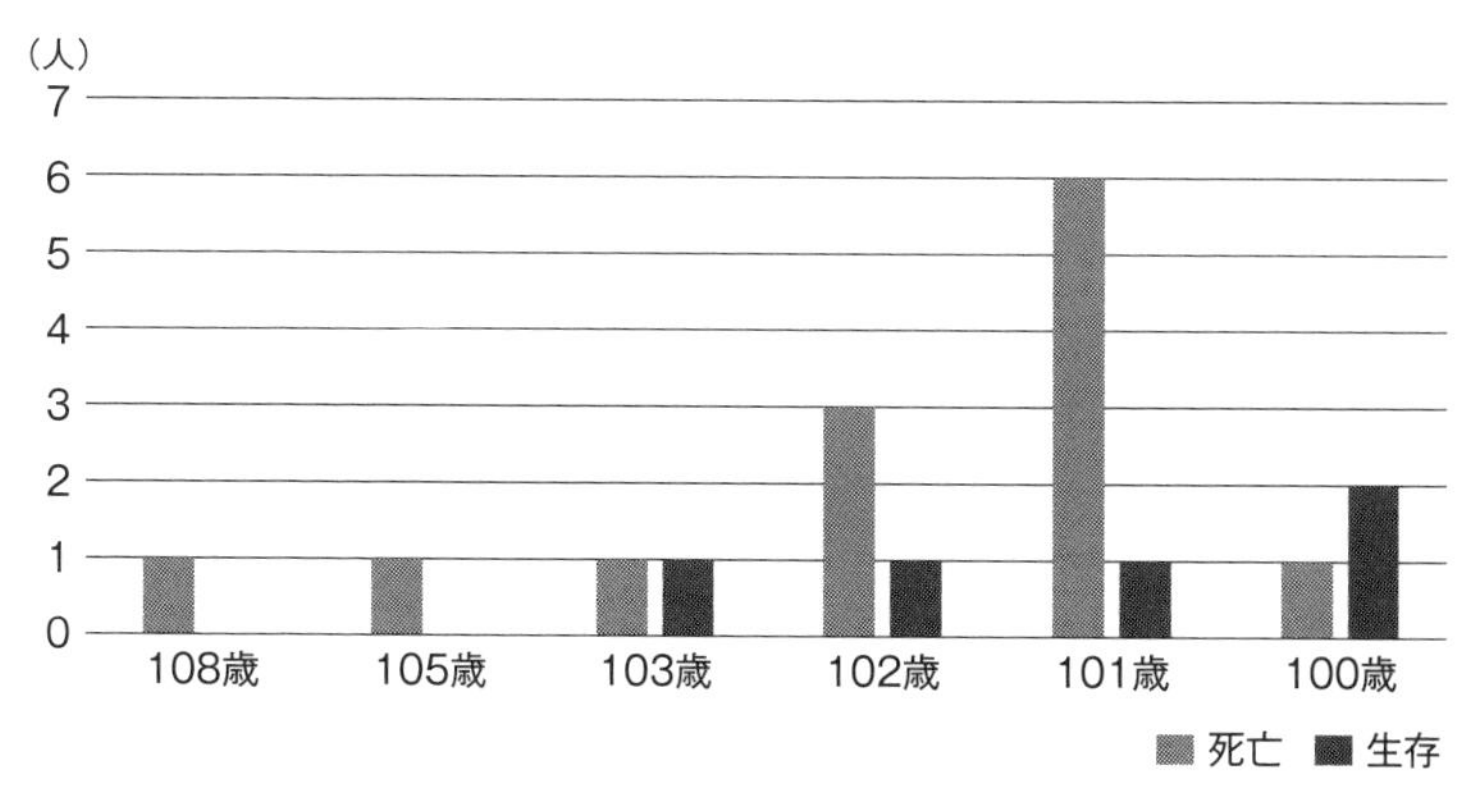

図表13　100歳以上の入居者の分布

「光が丘パークヴィラ」の終末期対応

終末期対応の変化についても見ておきたい。図表14は、ケアセンターを開設する前と後で、入居者の死亡場所を調べて比較したものである。ケアセンターができる前（平成8年以前）は入院死亡、施設内死亡（当施設での看取り）が半々だったが、ケアセンターができてからは、施設内死亡が増加し、直近の10年では90％に達した。

病院は長期入院を避け、入院期間をできるだけ短縮させ、早期退院の傾向にあるため、看取りもしなくなってきている。施設で看取りをしなければ、治療法がなくなって退院した後、行き場がなくなって彷徨う医療難民が増加するだろう。「光が丘パークヴィラ」では、退院する患者は、状態のいかんに関わらずできる限り受け入れてきた。その結果が施

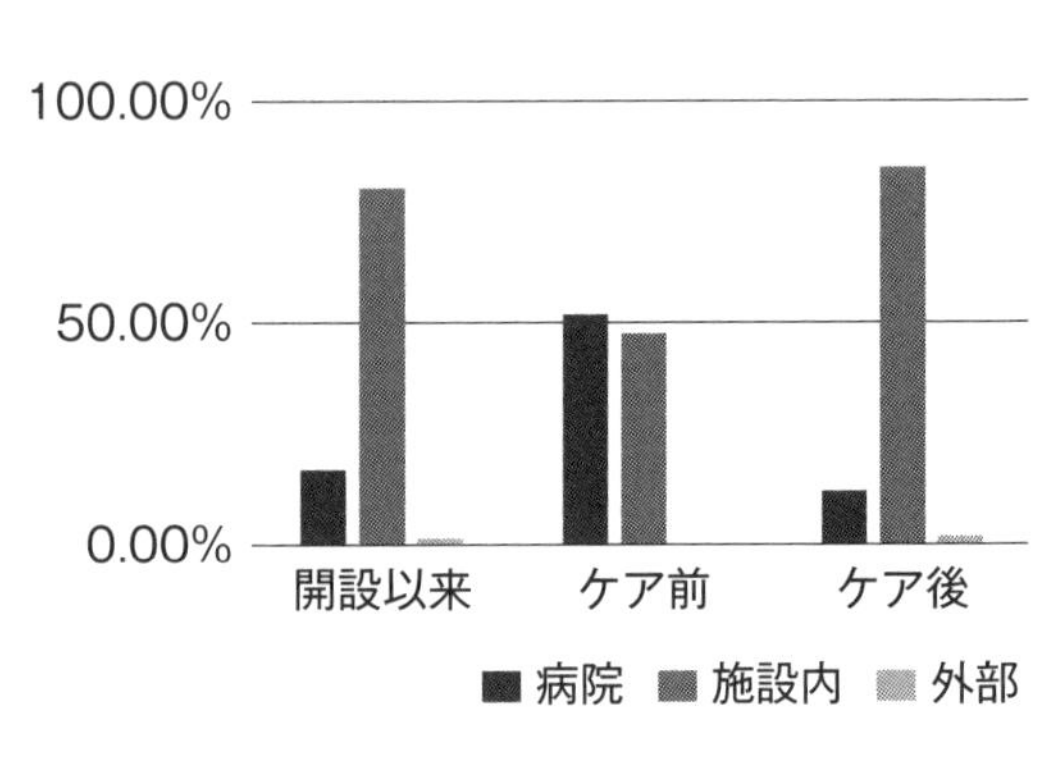

図表14　パークヴィラの死亡統計

設内看取り90%という数字に表れているのだろう。

　亡くなった後の葬儀・お見送りについても、「光が丘パークヴィラ」ではほとんどの葬儀が施設内斎場で行われる。その葬儀形式を見ると、当初70%が仏式だった。しかし、時代の変遷によってこれが次第に減少して、無宗教のお別れ会が増加し、開設30年後には40%を占めるようになった。無論、その後お寺に葬られる例も多い。友人や家族も少なくなり、家族葬、密葬から、だんだん無宗教のお別れ会が増加した。最近5年間では73%がお別れ会だ。江戸時代に作られたお寺の檀家制度が、時代の変化

お別れ会
10%
献体
4%
キリスト教
10%
神式
7%
仏式
69%

開設後10年

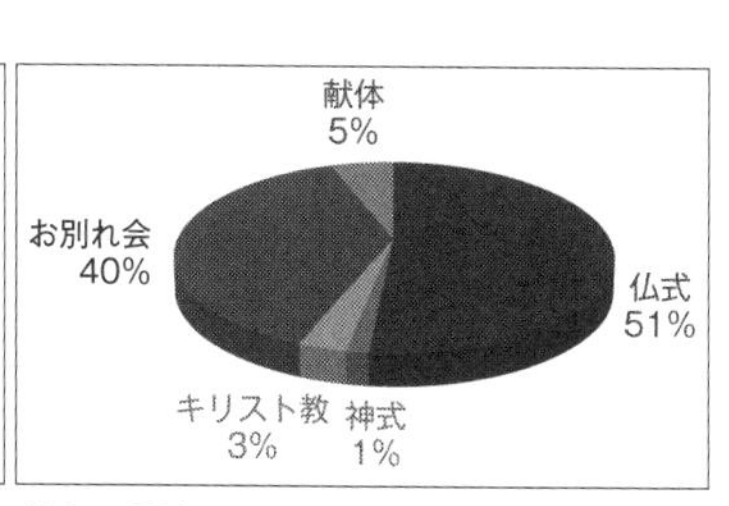

10年～20年

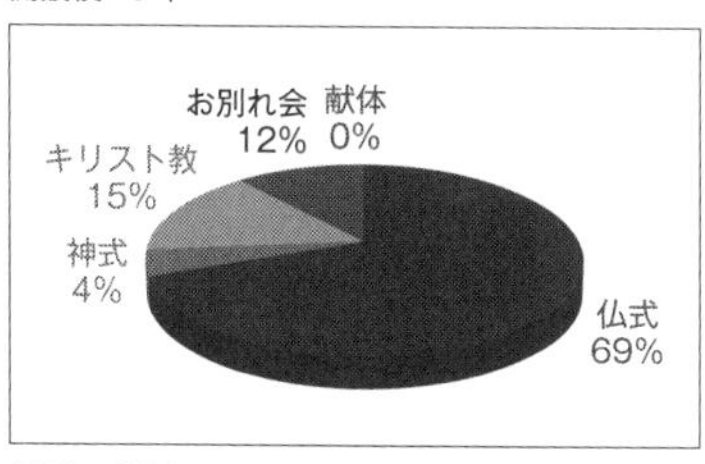

20年～30年

30年～36年

図表15　葬儀形式の変遷（1985～2019年）

から霊園に変わりつつある。

当施設の共同墓地は、霊園でも注目されるお墓となり、墓地を求める人をまず案内しているという。おかげできれいに管理されている。周囲には同じようなお墓もたくさんできた。社会全体で見ても共同墓地が増えているというが、個人墓地から共同墓地へ、これは自然の流れだろう。

高齢者の暮らしはどう変わったか

住戸・居室・生活の変化

36年の経過の中で、実際の高齢者の暮らしはどのように変わったか。まず、住居・居室の変化だ。当初は明治・大正生まれの入居者が多く、昔の面影を残す住居を意識して、居室は和室、洋室の組み合わせを基本にした。ベッドは使わず、布団で休む人も多かった。障子、襖、押し入れは必須で、箪笥、洋服ダンス、化粧台はつきものだった。和服もたくさんあり、箪笥は和服であふれていた。できるだけ入居前の生活との違和感なく暮らせるようにと努めたが、体の具合が不自由になるとベッドに代わった。その後、昭和世代も増えて洋室、ベッドが中心の居室に変わった。障子、襖は取り除かれ、畳ものぞかれ、段差のないバリアフリーのワンフロアに変わった。居室はA・B、2つのタイプがあり、大きなBタイプは、部屋が仕切られるようにしたが、これは合理的なワンルームで、家具で仕切る人も多くいた。

定番だった箪笥、洋箪笥、化粧台もクローゼット中心に変わり、着物の保存も少なくなった。引っ越しに際して、「持ち物はこれからの老後の生活に必要なものに絞ってください」と話すが、人それぞれで、捨てきれない荷物を持ってくる人も多い。たくさんの荷物でトランクルームをいっぱいにしてしまう方もあった。しかし、トランクルームはほとんど開か

現在の居室

ない人も多く、捨てられず取っておくものの使えなくなることもしばしばだ。電気器具など最たるものだ。また、寝具や洋服はどんどん変わるから、取っておいても無用になることが多い。退去時に荷物を整理する際、着物や大型家具はほとんどリサイクルできない。もったいないと思うが捨てるしかない。

ある男性は、荷物はほとんど持ってこないで、入居してから必要なものを買いそろえておられたが、合理的だと思った。しかし、長い習慣があり、人さまざまだから口は出せない。

2020年の増改築にあたり、二人で入居できる少し大きな居室を作り、居室はAタイプ（40・4㎡）、Bタイプ（49・5㎡）、Cタイプ（55・2㎡）、Dタイプ（62・1㎡）の4つのタイプとなった。消防規則や建築基準も変わったた

改修後の玄関（外観と内観）

め、スプリンクラーの増設、防火戸の設置、エレベーターの改修、非常用発電機の改修、防犯カメラ、通信網の整備等、建築は大掛かりな改修が行われた。温暖化のため夏場の気温が上がったこともあり、廊下まで冷暖房装置を設置した。また、中間棟の建設で、ケアセンターも改修され、介護室も増設した。中間棟と本館が接続され、各種設備が改善された。

本館の玄関も郵便受けや靴箱を含めて改修した。玄関は透明ガラスとしたため、玄関から中庭まで見通せる。体が不自由な方のためのスロープも付けられ、より快適になった。オートロックで出入を管理するようになり、大きなソファーも入れられ、

中庭

ロビー

ロビーから廊下

ロビーから続くタイルの壁は、まるでロビーの延長のような雰囲気になった。透明ガラスの玄関を入ると、玄関からロビー、渡り廊下まで1枚ガラスの大きな窓で中庭が一望できる。これは設計当初からお願いしたことだが、このコースは計画通り見事なデザインで、自然と一体となっており、どんな名画より心に響くものがある。開設当初から現在まで変わらず癒しの風景になっている。ロビーを通り、突き当たりにはオクセンハムの山の詩がかかっている。人生を謳った詩として、心に訴えるものがあるのだろうか、ロビーに座り、手帳を出して書き留める人もいる。これも中庭とともに贅沢なシーンだ。芝生の緑も心を和らげる。しばし足を止めて詩を読む。

高い魂は
たかい道を
のぼり
低い魂はひくい
みちをさぐる

その間のおぼろげな平地を
あちらこちら
さまよう者もある
しかし
誰が通ってもよい道
高いみち　のぼり道
低い道　くだりみち
かくて誰でも
その魂の望むがままに
えらぶ道

中庭を見ながら右に折れると渡り廊下に続く。渡り廊下にはギャラリーがあり、入居者の思い思いの作品が飾られている。プロ級の作品もあり、通る人を楽しませている。

大きな１枚ガラス　ロビーからも渡り廊下からも中庭を一望できる。

渡り廊下の突き当たりは小ラウンジがあり、食事の行き帰りに話が弾む。南棟の庭に続き、隣接する光が丘公園の借景で、大きな木が茂っている。緑がいっぱいで軽井沢のようだと絶賛されている。

渡り廊下の大きな1枚ガラスからは、中庭の四季の変化が眺められる。中庭の大きな欅は、建設前からある当施設のシンボルで、歴史が感じられる。小鳥が集まり、入居者の目を楽しませてきた。

渡り廊下のギャラリー

春の始まりの合図は、カタクリに始まり、春の花見の時期はサトザクラが満開となり、つつじ、さつき、ハナミズキと花のパレードがつづく。春は1年で一番美しい中庭だ。この中庭を見ていただこうと、一流の音楽家を招きコンサートが開かれることもある。地域の人、見学者、入居希望者などたくさんの人が集まる春秋のコンサートは、開設以来36年続いている。今では地域の楽しいイベントになった。
秋にはハナミズキが紅葉し、ロビーの石まで赤く染める。冬の雪景色と、四季の変化が、居ながらに眺められる。この四季の変化を詩にしてみた。

春はカタクリに始まって
花のパレードが始まります
ねじり花が夏を告げ
芝の緑が眼にしみる
夕暮れの蜩のなく声に
夏の終わりをふと感じます

秋は花水木が紅葉し
ロビー石まで赤く染めます
やがて芝生が黄色に変わり
静寂の中にふと我を振り返る
長い人生いろいろあったが
すぎてみれば淡い思い出
今が幸せならすべてよし
来る春の彩を夢見ながら
そっと心にしまっておこう

中村美和作詞

36年が過ぎると、自然も変わった。開設当初は隣が山で、蛇やガマガエルがよく見られた。今は蜩の声もすっか

り聞かれなくなり、秋の虫声も少なくなった。だんだん自然が失われていくが、それでも隣はトンボ公園、光が丘公園につながっているため、緑は多く静寂だ。めぐまれた環境といえるだろう。

食堂の歩み

ロビーの突き当たり、奥には食堂がある。建築時、食堂は2回転で考えるのが一般的といわれた。しかし、食事の際に待つのは高齢者にはつらいだろうと、食堂は広くし、174席用意した。食べる人は90人程度だから、1回転で十分に食事ができると考えた。席は居室から考えて4人席、2人席を用意した。広くゆったりした食堂だ。

ところが実際に始めてみると、窓際の良い席は独占され、4人席が1人か2人で利用される。夫婦が2人座ると、他の入居者は遠慮して座らない。そして高齢者は一度決めると席を変わらない。いつも同じ人が座り、他人が使うと不快感を示す。席が固定されるため非効率で90人ほどの利用なのに席が不足した。

食堂の座席が足りない。これは大きな問題だった。試行錯誤の結果、予約席と自由席の札を作り、いつも固定している方には予約席の札を立て、できるだけ早く来て、食べ終わったら自由席の札を立てて帰ってもらうことにした。固定席の方も満足し、時間差利用ができるだろうと考えた。これで落ち着いたが、新しい入居者は戸惑うだろうと考え、職員が空いた席に案内するようにした。しかし、予約席の方は早く来るとは限らないから、来ないといつまでも予約席になるという問題もあった。一方、イベントの時は机を長くつなげ、全て指定席とするため、食堂は半分で足りた。この席の並べ方も、コミュニケーションが図れ、うまくいくことがわかった。

あるとき、スプリンクラー工事で食堂が半分しか使えないことになった。だがイベントのときのヒントで、長い席を作り、自由席としたところ、和気あいあいでコミュニケーションが図れ、不満がなくうまくいった。これがヒントになり、工事後は6人席、一部8人席で合計142席の自由席にしたら、時間差利用も加わって、かえって効率的な利用になり、コミュニケーションも図れると好評だった。いつも決まった二人で利用し、気まずくなると、席を替わるのが大変で、気まずさが残っていた。またご夫婦の席には他の人は座らないからコミュニケーションが難しかったが、工事後はむしろよくなったと話す人もいた。窓際には、対面者のいない1列の席を作ったらこれも好評だった。面と向かって食べるのが嫌な人には都合が良かったのだ。

こうして、対面のない1列席、6人席、一部8人席、2人席で落ち着いた。食堂は長い間の懸案で、机の配置、利用方法には苦労したが、思わぬことから解決した。それでも席は固定してしまうようだが、これで増築後、増員しても心配ないだろう。今は新型コロナウイルス対策のため1人おきに席を空けて利用しているから、座席の絶対数が不足し、時間差利用をお願いしているが、それでも固定席となり、「食堂は原則自由席ですよ」とお願いしている。早いコロナ禍の収束が期待される。

長い間、席の配置を試行錯誤して、他の施設を見学したことが思い出される。全部2人席のところがあり、当施設も全部2人席にしたら、半分が1人で

食堂

使われても足りると真剣に考えたときもあった。しかし、コミュニケーションから考えれば失敗だろう。そもそもコミュニケーションより、居室単位で考えて2人席、4人席にこだわった発想が間違っていたのかもしれない。

ちなみに、食堂の机、椅子はトーネット社製の曲がり木家具に統一された。第一号がヨーロッパで流行して以来、150年デザインを変えずに生産され使われ続けているという伝説的な家具だが、なるほどシンプル・イズ・ベスト。〃ウイーン曲線〃と謳われている曲がり木家具の傑作だけあって、36年使っても壊れない不思議な家具だ。軽くて丈夫なこの家具を、手入れをしながら大事に使おう。調べると、この家具の専門にリフォームする会社があり、長く使えると考えた。使い捨て消費時代には良い教訓となろう。

高齢者の食事を考える

食事の内容はどのように変化しただろうか。開設当初は、家庭の味を持つ不特定多数の方が一堂に集まり食事をするから、不満が絶えなかった。自分で調理してきた女性が多かったからだ。どうしてかと不満の原因を考えた。当時、委託しているフードサービス会社はそれまで社員食堂で若い人を対象に食事を作っていたから、高齢者対象の料理に戸惑っていた。担当の若い調理師に高齢者と一緒に暮らしているかと聞いても、答えはノーだ。若い世代は家庭料理の味、ふる里の味に親しむことは少なくなり、インスタント料理の味に慣れていた。

とにかくこれはなんとかしなければならないということで、入居者の中に女子栄養大学で教鞭をとっていた栄養学の専門家がいらしたので、その後輩を招いて指導していただいた。「もう少し煮込めば料理の味が出るのに」と注意された。残しておいても翌日も食べられる料理にしなさいということだ。当初は明治、大正生まれが多く、残った料理を冷蔵庫で保存する高齢者が多かった。こうした指導のおかげもあって、調理師も次第に高齢者向けの味に慣れてきた。

36年の間に、人々の食習慣が大きく変わったのはご存じの通りだ。社会の高齢化が進むにつれて給食産業でも外食産業でも高齢者対応への関心が高まり、高齢者向けの宅配弁当サービスも普及した。現在の入居者は昭和世代で、自分もインスタント料理の味に慣れているためか、調理師が高齢者対応の食事を理解したためか、昔のようなクレームは少なくなった。私の学生時代を振り返ると、料理の味どころではなく、学生食堂で食事をエネルギー源として詰め込んでいた経験がある。アルミの食器、ベークライトの食器、コッペパンの世代だ。料理にはうるさくない世代だが、それでも実家に帰るとおふくろの味が待っていて、その味が今でも残っている。おふくろの味にうるさい当初の高齢者はより大変だった。時代とともに食事内容も変わる。とはいえ、毎日の食事の基本は家庭料理だろう。

大広間・多目的室・金庫室

「光が丘パークヴィラ」の大広間は、開設当初は和室だったが、高齢のご入居者は膝が悪くなると座ることが困難になるため、現在は和風テーブル、椅子が入れられた。32席ご用意できる。畳も化学畳になり、色は変わらず、拭き掃除ができるから衛生的だ。大広間は趣味・娯楽、ミニ講演会、ミニ集会、家族や友達との団欒などに使われている。昔はクラス会、職場の懇親会などに使われたが、今では少なくなった。

多目的室は、その名の通り、体操・リハビリ・集会など多目的に使われている。音響装置、ピアノ2台、大型テレビがあり、映画会もできる。娯楽室は防音設備が入っているため、周囲に迷惑が掛からない。カラオケ、マージャン、楽器演奏など、大きな音がする活動に使っている。しかし、盛んだったカラオケは現在ほとんどなくなり、楽器演奏も減った。高齢化のため、趣味・娯楽も変わってゆくのだ。

これらの共用室は、使い方によってはいろいろに使える。一つのことに固定されない部屋を、と考えた。趣味・娯楽も変化するから、それに対応できるようにしておくことが重要だ。時代とともに流行が変わり、年齢とともに趣味・娯楽が著しく変わる。開設当初は、平均年齢72歳と皆さんお元気で活動的だったから、スペースだけを用意し、入居者の希望に沿って種々の機材をそろえた。卓球、ビリヤード、陶芸設備、

大広間

多目的室

カラオケ装置、映画等の映写装置、オーディオなどの音響機器、麻雀テーブル2台、ピアノは2台を用意した。2人で弾く方がおられたからだ。しかし、現在は平均年齢87歳。指導者にも恵まれ、設備が充実し、一時はベテランがいて、展覧会ではいつも入賞するほど高度な作品までできた陶芸教室は、希望する人も少なくなったため、中止された。陶芸には力も必要で、準備、指導の問題で困難になったこともある。大きな陶芸教室は廃止し、多目的工作室としたが、工作をする人も減り、これも利用は少なくなっている。

今は手芸、折り紙、コーラス、麻雀、映画（これも大型テレビに代わる）、将棋、囲碁などが主で、その他の機材は処分された。音響機器はすぐ新型に変わるので、捨てる機材が多かった。ビリヤード台1台（四つ玉）は、使っていた入居者が寄付し、入居後も使われたもので、さらに1台（ポケット）を購入した。2台が盛んに使われていた時期もあったが、残念だがこれも使われなくなり処分された。1台10畳ほどの広さが必要で、2台を維持するのは広い面積を要した。

趣味・娯楽については、スペースを用意しただけで、入居者の希望によりそろえれば、大変合理的で無駄を省けると思ったが、高齢化が進み、この考えも葬られた。それでも無駄なことが多くなったのだ。なかなか見通しが立たない世界である。

金庫室は入居者の大切なものを保管する場所だ。昔は金庫を持ち込む方が多かったが、今では施設の貸金庫が使われている。銀行と同じタイプの個人貸金庫を設置し、ここに重要書類など大事なものを入れていただくことにした。大事なものは鍵のかかる1か所にと話すが、これが高齢者にはなかなか難しい。通帳の再発行などが続くと銀行も嫌がるため、貸金庫は有効だった。開閉には事務所の責任者が合鍵で合わせ、必ず立ち会うから、認知症が進んだときも安心だ。銀行と違い、責任者がいればいつでも開けられる。

財産管理はあくまでもご自分でしていただくのだが、何が大事かアドバイスは必要だ。貸金庫の利用にあたって財産を整理しておいていただくことで、相続の際は貸金庫を見ればわかるので、いずれ相続人となるご家族か

便利な金庫室

らも喜ばれている。貸金庫に入れたものは全て記録し、保管するようにしているので、36年が経過したがトラブルはなかった。

※暮らし方の知恵8か条

ある老人ホームで長く暮らした人が、そこで種々の経験をして、集団生活の暮らし方・知恵というテーマで小冊子にまとめられた。参考になればと、入居者の皆様にお届けしたことがある。当初は入居年齢も若かったのでトラブルが多かったが、近年は80代、90代が多く、しかも生活にも慣れてトラブルは少なくなった。しかし、皆無ではないから、参考に内容を要約してご紹介しよう。

①　深入りせずゆっくり周囲を確かめて

自立した人間同士の友好は、そう簡単ではありません。個性や気分の相違のために多少とも不調和が生じます。老人社会では一度失敗すると、しこりが残り、不愉快な種になります。深入りせずゆっくり周囲を確かめよう。

② 自分のペースに他人を巻き込まない

施設内では、一切が平等ではなく、平等とは各自が自由にマイペースで生活することが平等に与えられていることで、お互いの相違がなくなることではありません。お節介は禁物です。友好とか善意でそれが行われると困ることになる。

③ 入居の理由を忘れない

入居の基本ニーズは、孤立した生活からくる不安の解消が第一です。孤立状態での病気と老衰は不安につながります。

④ 余暇活動を上手に

24時間の生活拠点だから、入居者の中の先生では気を遣います。先生に付かなければならないときは、外部のクラブに参加すべきです。

⑤ 「孤独もまた楽し」の人生観を

一人でも寂しくない、退屈しない人生観、宗教観、趣味がもてるとありがたい。不安がなく自由というのは、人生における千載一遇の恵みです。

⑥ お節介は無用です

一人ひとりがプライバシー城をもっている主体人間です。一城の主だという相互認識が必要です。

⑦ 困ったときには職員に相談

近所の人に頼むと、おせっかいを誘導することになって、恩を着せられるような関係が生まれかねません。噂の種をまくことにもなりかねません。個人的な条件は異なるから、他人の介在は、かえって物事をややこしくします。

⑧ 自足の心境に近づく

やんわりした「間のある」人間関係の中で「自分が自分であるよう」一歩でも二歩でも、自分の心に近づくようにしなければなりません。「距離を置け、踏み込むな。むき出しになるな」と忠告したい。「キープ・ユア・ディスタンス」の心です。誰もが長年にわたって築いてきた個性があるのだから、それを上手に生かす方法を考えてもらいたい。

こんなことを書いているが、近年はトラブルが大変少なくなった。なぜだろう。平均年齢が高齢化して活動性が乏しくなったためか、明治、大正生まれから昭和の価値観に変わったからか。はたまたホテル、マンションの機能に慣れたためか。開設当初は難しい人間関係に苦労した話だ。

✕ 看護・介護・医療支援の変化

高齢者にとって健康問題は何よりも大きな問題だ。老化、フレイル、認知症、老衰と、病院での対応が難しい患者も多く、長期的なケアと最期の看取りをどうするかが大切な問題だ。

近年はますます病院での看取りが少なくなった。病院は社会的入院や慢性化した患者の長期入院を避け、急性期の対応にシフトした。早期退院、入院期間の短縮が至上命令となり、治療が終われば、あるいは治療法がなければ、治療ができなければ、どんな状態でも全て退院させるようになった。この傾向は、本来なら長期対応を行うはずの高齢者専門病院も例外ではなく、ある高機能高齢者専門病院の入院期間は平均在院日数12日となった。

一方、「光が丘パークヴィラ」は当初から「終の棲家」をめざしてきたから、障害、病気にも可能な限り対応し、退院後も受け入れてきた。受け入れるからには看取りも視野に入れておかなければならない。終の棲家が通過点では困るのだ。

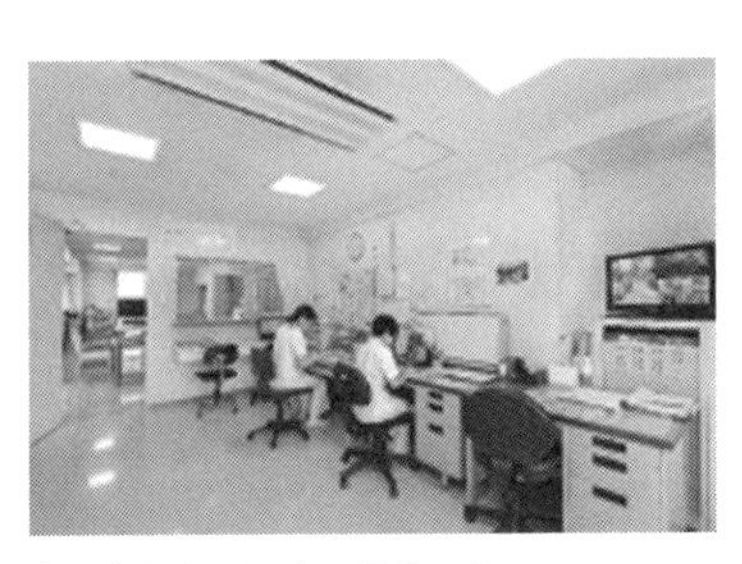
ケアセンタースタッフルーム

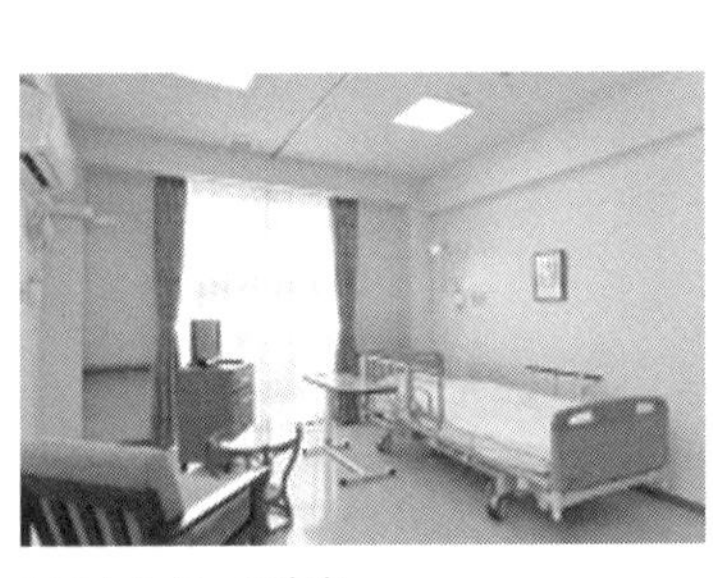
ケアセンターの病室

最初は診療所の2階の1フロア8床からスタートしたが、利用者が増えたことからケアセンターを建設した。それも年々利用者が増え、利用期間も長期化した。そのため、ケアセンター建設時には個室13室とベッドを二つまで設置できる大部屋を3室用意したが、その後、23室26床に増設した。さらに増改築後は5室増室し、28室となった。

ケアセンターでは看取りも含めた終末対応に力を入れた。治療を継続する人もいれば、看取りを目的にケアセンターに戻ってくる人もいる。長い入居で人となりや家庭環境などの背景を全て承知しているから、その対応ができるし、無駄な延命はほとんどせず、有意義な老後を送ってもらっている。おかげで、ケアセンター開設後はケアセンターでの死亡が圧倒的に多くなり、直近10年では施設内死亡は90％に達した。これは死亡者層を考慮しないで見れば病院と同じか上回る水準であり、誇りにしても良い数字ではないかと思っている。こんな小さな施設でも、生活支援・介護・看護・医療支援を連携させれば、これだけの高齢者を看取ることは可能なのだ。

ケアセンターの入居期間はまちまちだが、看取りまでみるということは長期入居の方が多い。その結果、介護室がつねに不足気味だ。これまで増床を繰り返してきたが、

２０２０年の増改築でも26床から31床に増床した。今度は重症の方をケアするデイルームもでき、より対応しやすくなるだろう。ターミナルライフをどう過ごすか、これも大切なテーマになるだろう。

「中間介護」の挑戦

２０２０年の大規模な増改築では、ケアセンターの増床とともに、新たに「中間介護」を行う中間棟を建設した。フロアごとに機能別デイルームを作り、そこに見守りが必要な人を集め、介護・看護をしようと考えた。例えば、よく居室で転び、起きられない人がいるが、そんな人を目の届くところに置いたら安心だ。有料老人ホームでは、要介護認定の有無に関係なくサービスを提供できるが、要介護認定者と非認定者の区切りもつけたいとの考えもあった。

中間棟の３フロアには機能別デイルームを作り、不自由な人を日中ここに集めようと考えた。長時間は無理な方もいるだろうから、利用時間は個人ごとに決めるのが良い。午前中の利用で昼食を済ませて帰るグループと、さらに午後まで利用するグループもいるだろう。安静室も用意してあるから具合の悪い方も安心だ。個室で孤独に過ごすより、デイルームの方が楽しく安全なことを理解していただこう。浴室もフロアごとに準備してあるので入浴サービスを利用していただくこともできる。

計画としては、1階は主として本館の対象者が利用する。2階のデイルームは、ケアセンター利用者で、午前中の利用は、昼食を済ませたら居室に帰し、3時までは自室で安静、3時から夕食までデイルームを利用する。午前中はリハビリ、体操、その他のアクティビティ、午後は映画やテレビを利用して楽しんでいただく。テレビを利用した回想法、映画や音楽、作業療法もできる。機能別にいろいろと工夫しよう。大切なのは居室より楽しい環境作りだ。これも試行錯誤だが、職員で話し合って良い方法を確立してもらいたい。そして、3階デイルームは、重症者のデイルームにしようと計画している。ナースセンターが隣にある設計なので安心だ。

人生100年時代の長い老後をどう過ごすかが課題だ。

中間施設のデイルーム

当施設でも近年は100歳老人が増えてきた。元気で過ごす方もいるが、認知症と障害を持ちながら生きる人も増える。誤嚥や肺炎が命とりになるから、注意が必要で目が放せない。今後、人手不足が懸念される一方、ケアはしっかりと続けていかなければならない介護の世界で、中間介護はこれからの課題に対応する試みとして注目されるだろう。なんとしても成功させたい。

コラム 出版時の災害続く

最初に『終の棲家を求めて』を出版した時、福島第一原子力発電所の事故が起こった。予想外のメルトダウンで恐怖が走った。近所の書店で、「終の棲家を求めて」の本を、特別コーナーを作って宣伝してくれたが、それからすぐに原発事故が起こり、書籍コーナーは原子力の本に替わり、縮小された。この事故は未だ解決せず続いている。

今回の出版に際しては、新型コロナウイルス感染症のパンデミックだ。これもすぐには収束せず、出版にどう影響するか心配している。時代を変えるような出来事が次々起こっている。厳しい現実だ。

前回は、そのような中でも多くの方に拙著を読んでいただいた。今回もコロナ禍に負けず、頑張って出版しようということになった。九州熊本の大水害も起こった。予

福島原発災害前

想を超える雨量、災害に備えた防備が追い付かない。昔、怖いものに地震・雷・火事・おやじと教えられたが、今は、地震・気象災害に変わったようだ。

災害後　放射能の本に替わる

コラム 七夕の短冊

七夕祭りにはロビーに青竹を立て、短冊を置いて願いを書いてもらう。食堂の帰りに楽しみに立ち止まって書いたり、読んだりしている。七夕の短冊はご入居者の思いを反映する。

そこで2020年の短冊を集計してみた。

健康を祈る短冊	50%
コロナの収束	23%
天の川関連	17%
その他	10%

ご入居者の願いは健康第一、そして新型コロナウイルス感染症の収束だった。2020年はコロナ騒動で混乱したところに、予想外の熊本の大水害も起こった。天候が悪く天の川も見えなかった。被災者の1日も早い回復を願うばかりだ。被災地に寄付をしたら、税金が減額される、ふるさと納税のような制度ができないかと思う。被害の大きかった市町村

に直接寄付をして、見返りを求めないような税制もいいのではないかと思う。受け入れる制度を作ってもらいたいものだ。健康への願い、平穏な日々が続くようにと、願ってやまない。

統計から見る日本社会の超高齢化

人手不足への対応が急務

さて、本章では「光が丘パークヴィラ」の36年の変化を見てきた。当施設は一般以上に長寿の入居者が多く、高齢化が顕著だが、言うまでもなく超高齢化は日本社会全体が抱える課題でもある。ここでは、国の統計などから日本全体の超高齢化を考えてみたい。

図表16は、総務省による「高齢者人口及び割合の推移」である。特に65歳~70歳（若年高齢者）の増加が著しい。最近は70~75歳を前期高齢者、75歳以上を後期高齢者として、65歳~70歳の層は高齢者には入れないとの動きもある。定年制の延長、厚生年金支給年齢引き上げなどの影響だ。いずれにしても高齢者人口の数、割合ともに急速に伸び続けており、少子高齢化とこれに伴う労働人口の減少、人手不足が急激に起こ

る。２０２５年には第１次ベビーブーム世代（１９４７～49年生まれのいわゆる「団塊の世代」）が75歳以上の後期高齢者となり、医療や介護のニーズが急増すると言われている（２０２５年問題）。さらに２０４０年になると、第２次ベビーブーム世代（１９７１～74年生まれの「団塊ジュニア世代」）が65歳を過ぎ、65歳以上の高齢者人口がピークを迎える。一方、65歳未満の労働人口は激減し、これに伴う労働力不足や社会保障の支え手不足によるさまざまな問題（２０４０年問題）が懸念されている。

また、一人暮らしの高齢者の数も増加する

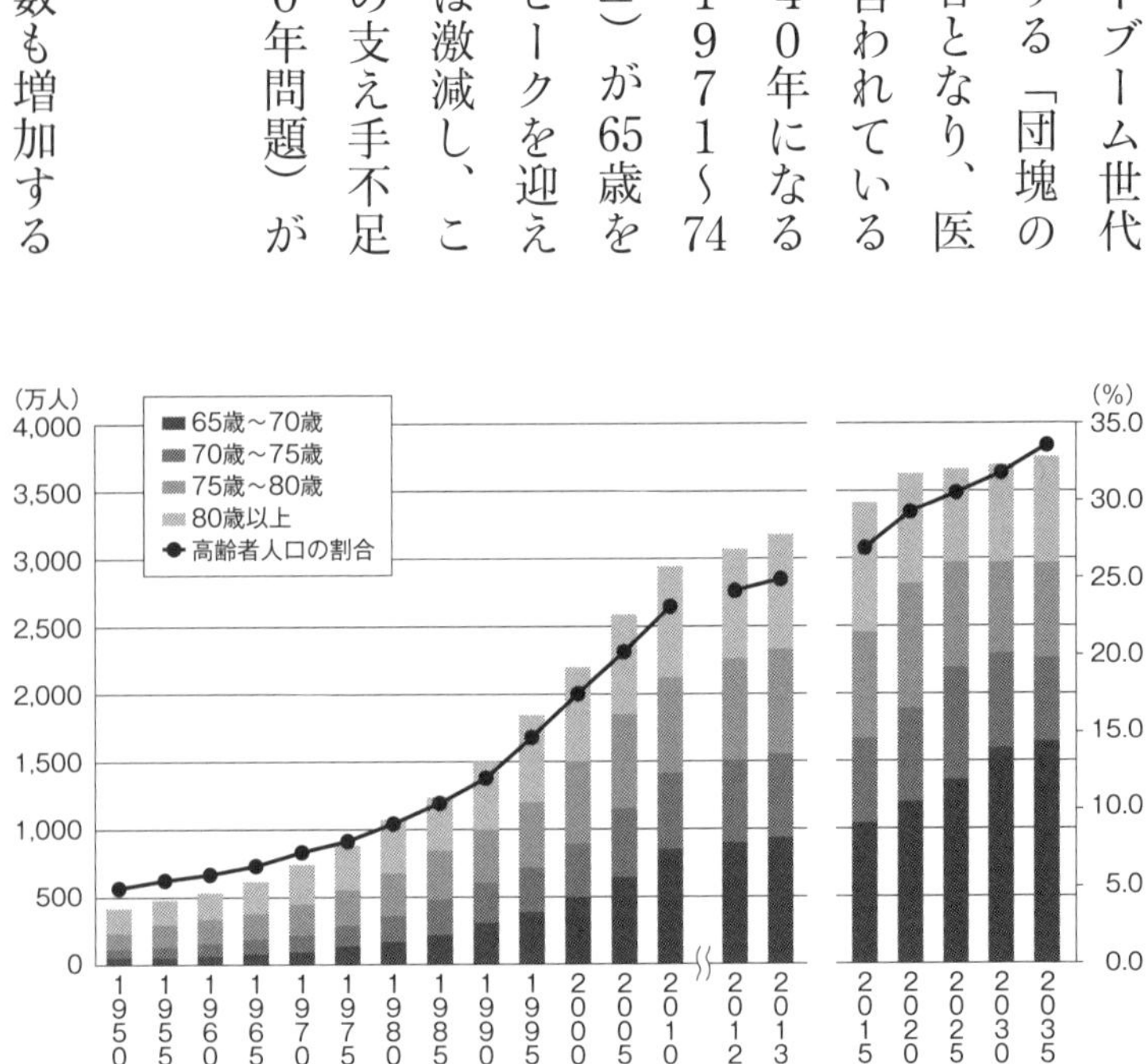

図表16　高齢者人口及び割合の推移（出典：総務省統計局）

と推測されている。特に女性の一人暮らしが多い（図表17）。高齢者の場合、いつ医療、看護、介護が必要になるか予測ができず、どれか一つで用が足りるということも少ない。一人で暮らすことが困難になったとき、誰が、どこが受け皿になるのか。

国の統計で若い世代を含めた日本の人口の歴史的推移を見てみると、総人口は戦後増加が続いていたが、２００８年の１億２８０８万人をピークに減少に転じている（図表18）。しかも15〜64歳の生産年齢人口も１９９５年の８７１６万人をピークに減少に転じ、２０１９年には７５０７万人まで減少している。労働人口の減少で人手不足が起こることは容

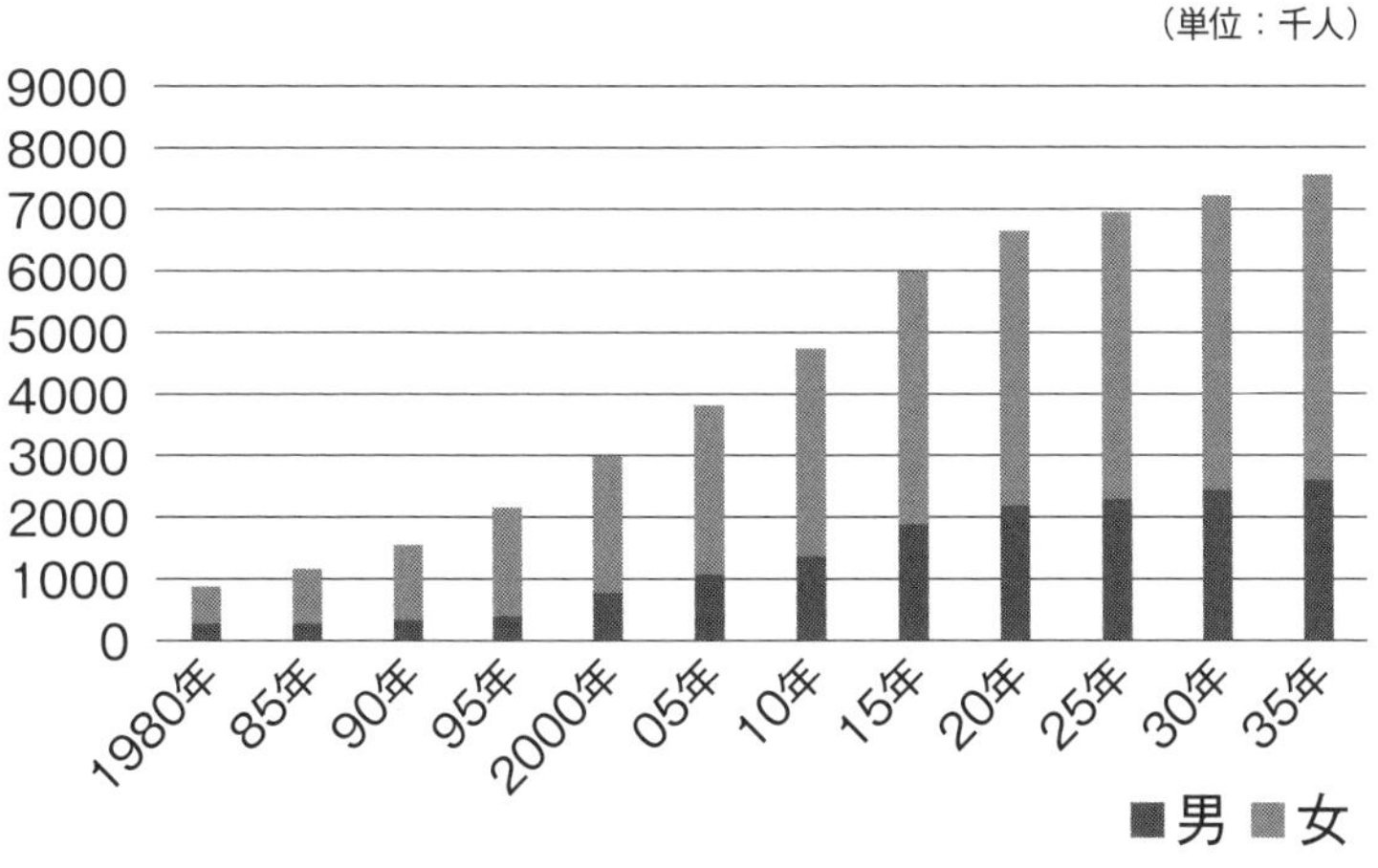

図表17　一人暮らしの高齢者数の推移

易に想像できる。高齢者を支える介護の世界では、国は「地域包括支援」を掲げ、区市町村ごとに介護相談窓口となる地域包括支援センターを配している。訪問介護、訪問看護、訪問医療などの訪問サービスで地域の高齢者を支えるとしているが、訪問介護、高齢者施設では人手不足は現実の問題になっている。このままでは、地域包括対応は人手不足で破綻することが危惧される。その対策はどうするのか。できないでは済まされないから、その対応を考えよう。

「光が丘パークヴィラ」では、人手不足への対応策として、「中間介護」の考えを取り入れ、

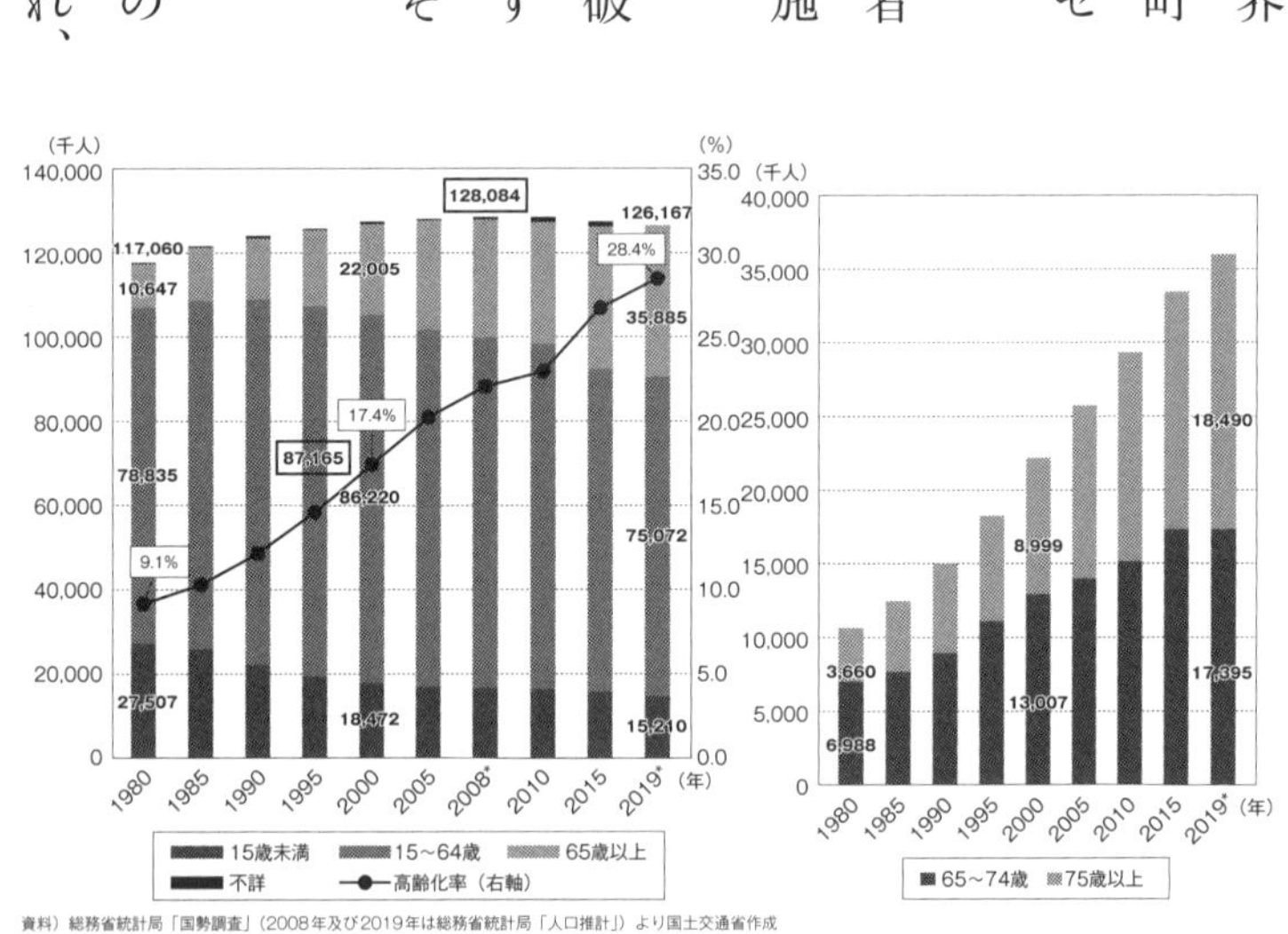

図表18　日本の人口の推移(出典:国土交通白書2020)

施設を増改築した。老後が長くなったため、ケアセンターで24時間管理するほどではないものの、居室では孤独であったり不自由であったりして見守りが必要な方が増加した。この方々を日中は中間棟のデイルームに集め、目の届くところで過ごしていただきたいと考えたのだ。デイルームはケアセンター利用者にもご利用いただける。さまざまな課題も生じるかもしれないが、これは介護・看護の手の省力化の試みでもある。従来の方式では、居室で24時間介護を要するため、そのぶん人手が必要だからだ。

人手不足に、介護者の給与を上げれば求人ができると考えている人もいるかもしれないが、絶対数が不足しているのだから、そんな方法は通じない。介護職の給与を上げれば、他の職種も同様に給与を上げねばなるまい。職種の問題ではないのだ。超高齢化は待ったなしの国全体の問題だ。国の施策のように後手、後手に回らないよう、先に先に対策を考える必要がある。これが民間の使命なのだ。

死に場所が足りない

人は必ず最後を迎えるのだから、高齢者が増えれば、亡くなる人も増える。高齢化が進めば、その先には多死社会と人口減少を迎えることは必至だ。図表19は死亡場所構成割合の推移だ。最も多いのは病院死で、１９９０年代から70～80%台を占めているが、近年病院は早期退院、看取りをしない傾向にあり、病院死の減少につながっている。一方、自宅で亡くなる家庭死は10数%で推移している。有料老人ホームなどの施設死亡は徐々に増加しているものの、増加割合は軽度だ。このままでは、病院から早期退院となった後、行き場のない医療難民が増加し、47万人近くの死に場所が足りなくなると推計されてい

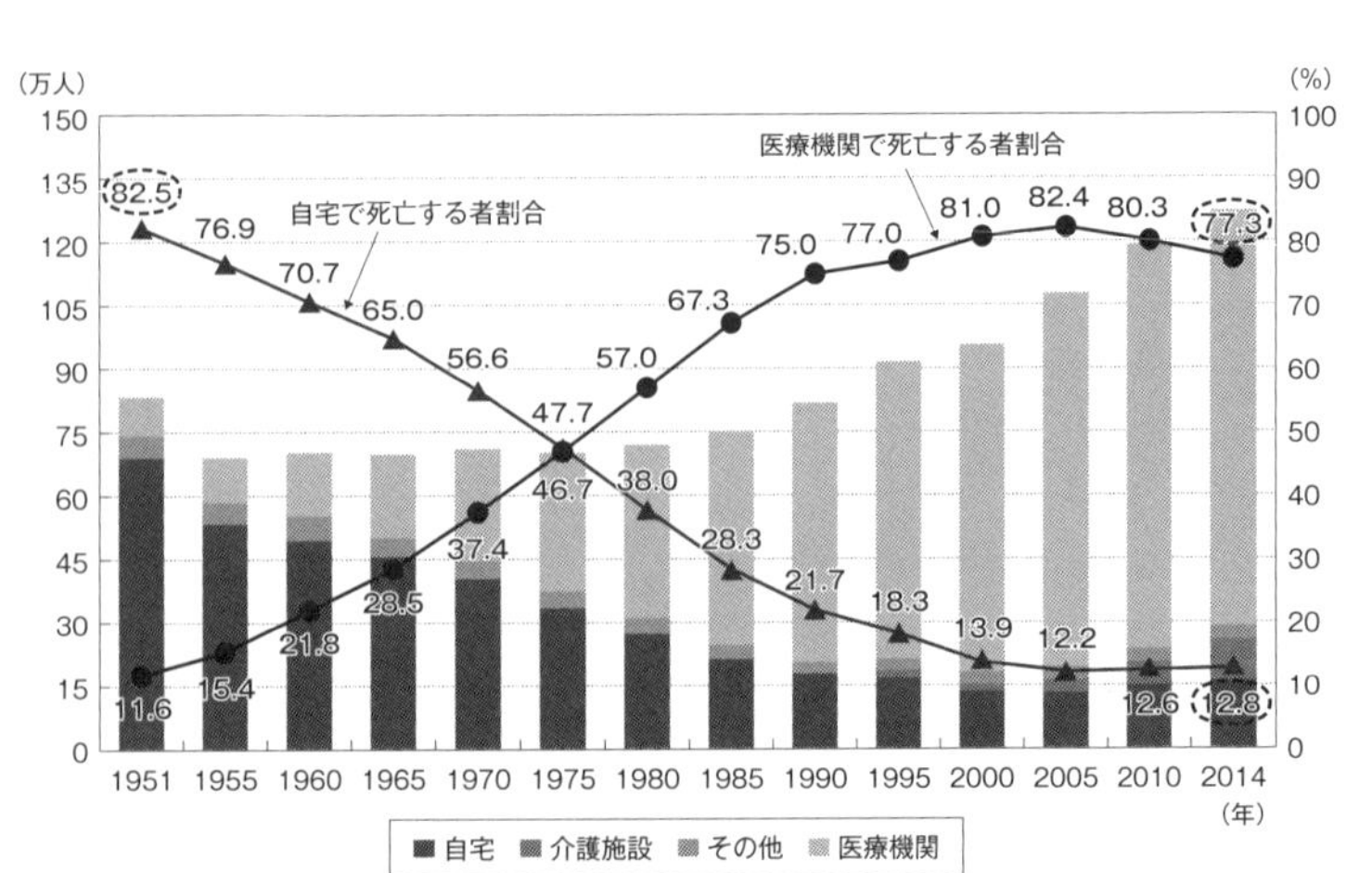

資料：厚生労働省政策統括官付人口動態・保健社会統計室「人口動態統計」より厚生労働省政策統括官付政策評価室作成

（注）1.「介護施設」は、「介護老人保健施設」と「老人ホーム」を合計したもの。

2.「医療機関」は、「病院」と「診療所」を合計したもの。

3. 1990年までは老人ホームでの死亡は、自宅又はその他に含まれる。

図表19　死亡場所別に見た、死亡数・構成割合の推移（出典：平成28年版厚生労働白書）

る（図表20）。この受け皿は施設しかないだろう。

欧米では、看取りの場所は病院、家庭、施設が同じ割合になっている（図表21）。一方、日本では最期を迎える理想の場所の希望は、家庭が半数以上と、住み慣れた場所で知った顔に囲まれて最期を迎えたいという希望が多い（図表22）にも関わらず、現実には病院死が圧倒的に多い。統計が少し古いので現在は少し変わっているかもしれないが、施設で亡くなるケースがもっと増えなければ、医療難民が増えるばかりだ。

やはり施設が、看取りの場所に代わるしかないだろう。病院は通過点であり、これからは施

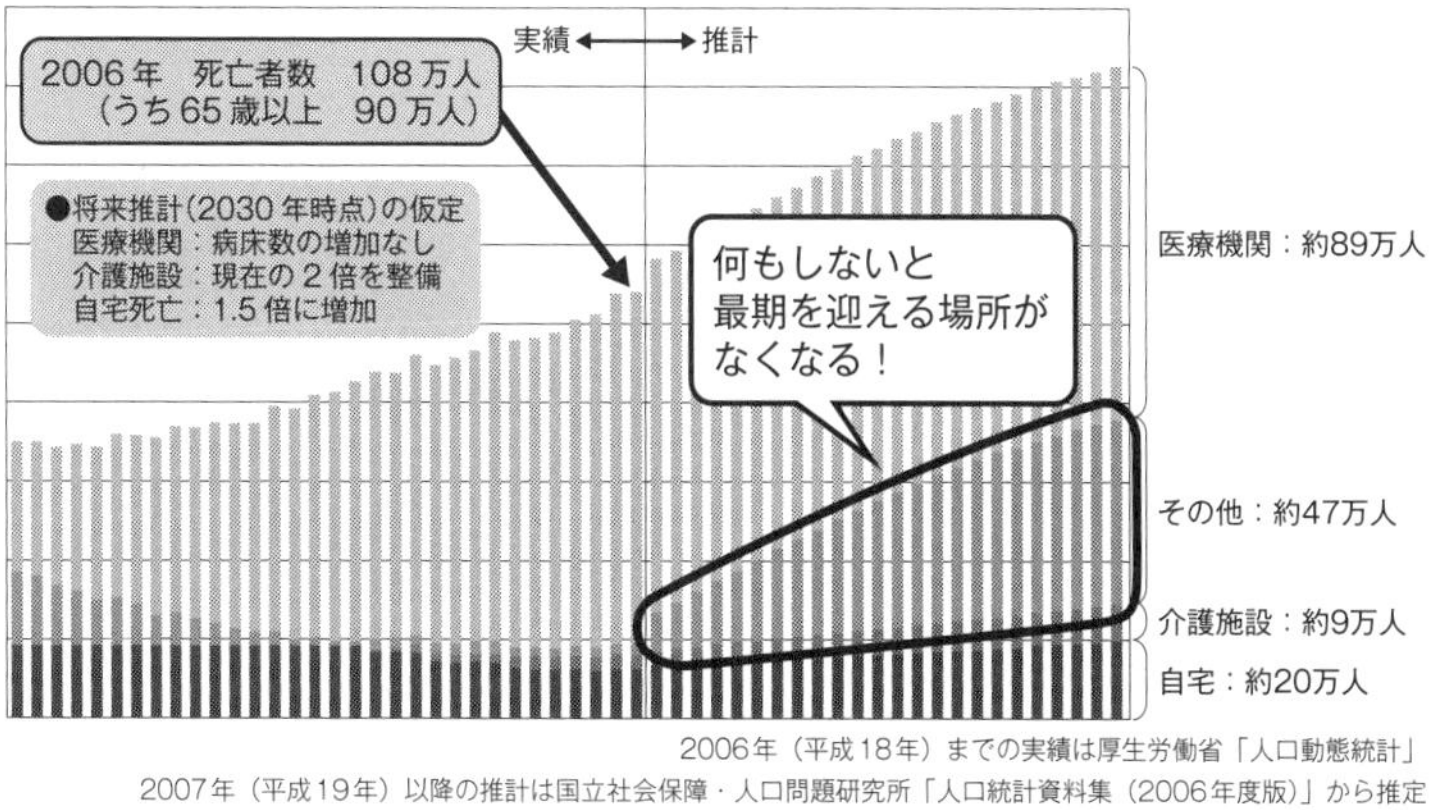

2006年（平成18年）までの実績は厚生労働省「人口動態統計」
2007年（平成19年）以降の推計は国立社会保障・人口問題研究所「人口統計資料集（2006年度版）」から推定

図表20　死亡場所別、死亡者数の年次推移と将来推計（出典：平成28年版厚生労働白書）

設が最期の場所として選ばれるだろう。それには良い看取り環境を整備することが大切だ。「光が丘パークヴィラ」も、そのためにケアセンターの介護室の増室、設備の改善を行った。

しかし、施設内看取りといってもそう簡単なことではない。病院死と施設死亡の費用格差を考えねば、看取りの場所は増えないだろう。施設での看取りは負担が大きすぎる。施設内看取りを多くの施設で進めるためには、費用負担もさることながら、丁寧に寄り添う

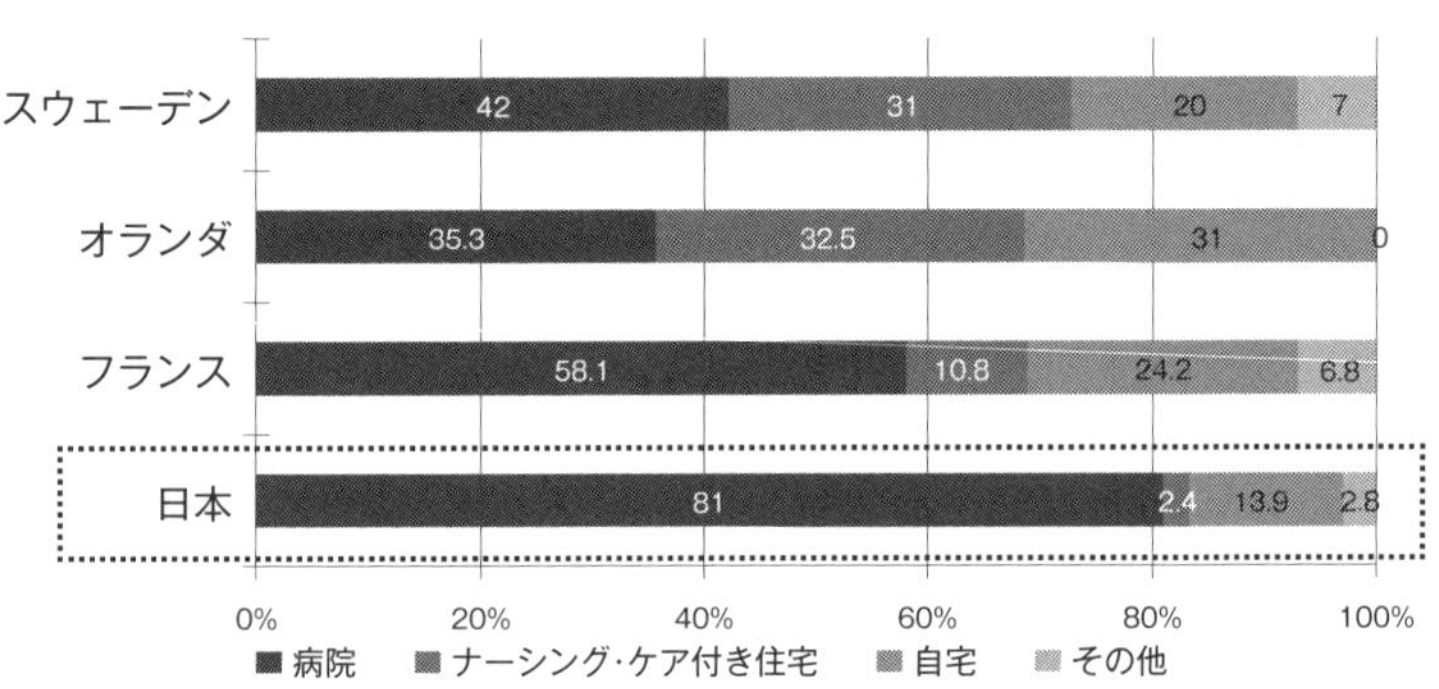

出典：医療経済研究機構
「要介護高齢者の終末期における医療に関する研究報告書」

（注）「ナーシングホーム・ケア付き住宅」の中には、オランダとフランスは高齢者ホーム、日本は介護老人保護施設が含まれる。オランダの「自宅」には施設以外の「その他」も含まれる。

（資料）スウェーデン：Socialstyrelsen Dogen angar oss alla による1996年時点（本編 p48）
オランダ：Centraal Bureau voor d e Statistiek による1998年時点（本編 p91）
フランス：Institut Natilnal des Etudes D emographic による1998年時点（本編 p137）
日本：厚生労働省大臣官房統計情報部『人口動態統計』による2000年時点
※他国との比較のため、日本のデータは2000年時点のデータを使用

図表21　死亡の場所（各国比較）

ための細やかな気配りや環境作りも欠かせない。そうした環境改善ができなければ、どこでも看取りができるということにはならないだろう。それでも当施設は当初から「終の棲家」をめざして、充実を図ってきた。

高齢者施設での看取り

高齢者施設の中には、胃瘻や中心静脈栄養などの医療的処置をしている場合でなければ引き取れないという施設があるが、これはおかしいのではないか。看取りを引き受ける施設がなければ、病院は無駄な延命治療をして、引き取るところを探すだろう。無駄な医療をし、医療難民を作るばかりだ。無駄な延命をしてでも退院させるのは、

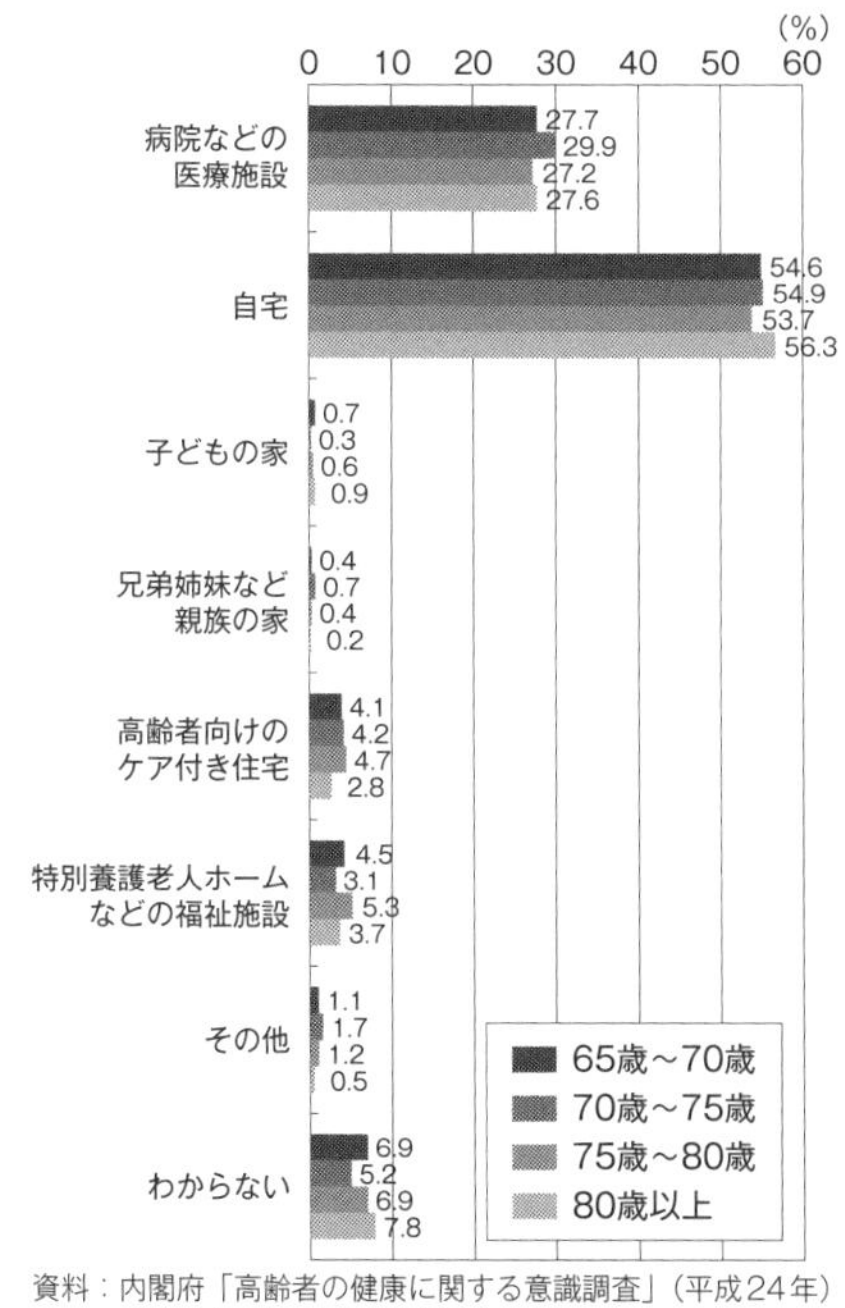

資料：内閣府「高齢者の健康に関する意識調査」（平成24年）
（注）対象は、全国55歳以上の男女

図表22　最期を迎えたい場所

引き取る施設がないからだ。今後は、看取りだけを目的に引き受ける高齢者施設、これが大切になる。しかし、施設に医師が常駐していなければ、看取りを行いたくてもできない面がある。看取りを行う医師も必要だ。在宅医療を標榜する医師が、施設に協力すれば可能だろう。その場合、病院に比べ看取りの診療報酬が少ないという問題点もある。負担が大きいだけでは看取りはしなくなる悪循環だ。

さらに、今後の高齢者対応の一つとして、看取りを行うかどうかではなく、どのように看取りを行うかは避けられない問題となるだろう。人は必ず死ぬ。その死を穏やかに自然に迎える（自然死）、このことも大切だ。無駄な延命で命を長引かせることだけが医療ではないと私は思う。昔は水だけ与えて自然に死を迎えた。現代では、やさしい介護・看護で、安らかな最期を迎えてもらうべきではないか。どこまで医療の処置を行うか、そのポイントは医師が見極め、関係者と十分話し合い、決めるしかないと思うが、納得のいく最後の看取りが望まれている。これには、介護・看護・医療に携わる多職種の職員の合意形成がなくては駄目だ。だから高齢者の最期は、これらが別々ではなく一体となって提供されなければならないのだ。どの職種もみんなが同じ気持ちで最期を看取る、温かい介護・看護が何よりも望まれる。安らかな見送りをみんなでする。これが何よりも望ましい姿ではないかと思っている。

社会の超高齢化、長寿化はこれからもしばらくは進むだろう。これからの長い老後をどうするか真剣に考えなければならない。こんなに制度が変わり右往左往していてよいのか。日本は世界最大の借金王国であり、歳入が歳出の半分にも満たない状態では社会保障費は削減されるだろう。自立、自助、共助を中心に考え、公助にはあまり期待ができないだろう。人口減少、労働人口の減少もこれからの課題だ。

民間はできないではなく、できる工夫をしなければならないと思う。民間は採算の合わないことはしないし、利用者の的確なニーズをとらえることにも長けている。病院が通過点になりつつある現在、ますます高齢者施設の責任は重くなっている。今後ますます進む長寿社会において、人生の終末点である「終の棲家」作りに努力すべきであろう。高齢者対応は「生活支援・介護・看護・医療支援の連携した総合対応でなければならない」。これが私の結論だが、間違いないと思う。

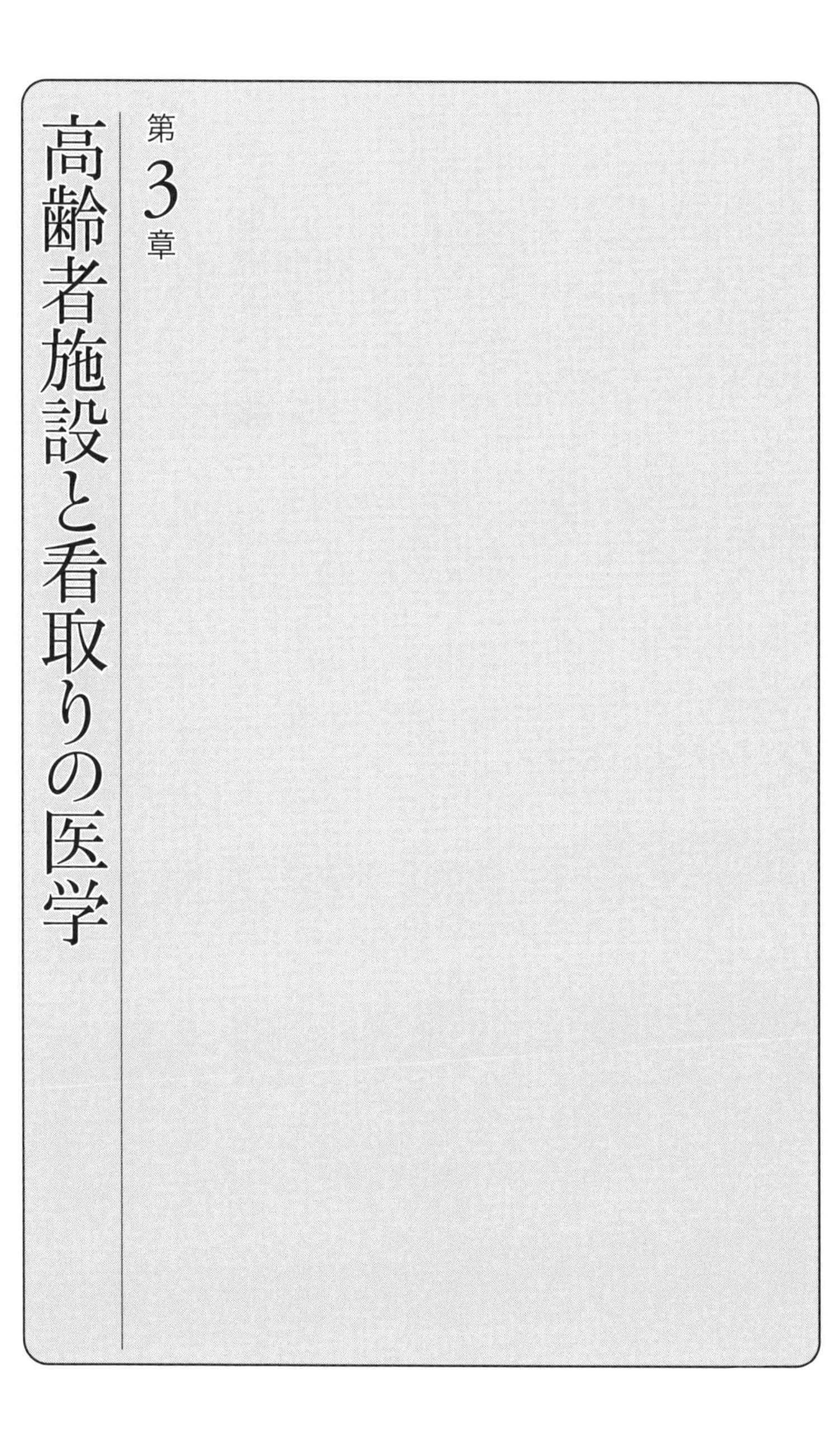

第3章 高齢者施設と看取りの医学

高齢者施設は多様化している

✕高齢者施設の分類

高齢化に伴い、民間の高齢者向けの住まいは年々増え続けている。種類も多様化し、公的な施設には「特別養護老人ホーム（特養）」と、病気やケガの回復期に入院するリハビリ施設である「介護老人保健施設（老健）」、医療が必要な場合の長期療養施設である「介護療養型医療施設（介護医療院）」の三つがある。民間の高齢者施設は有料老人ホームと定義され、一律の規則の中で運営されているが、有料老人ホームの中には「介護付有料老人ホーム」、自立した人から要介護の人まで入居できる「住宅型有料老人ホーム」などが含まれ、幅広い。他に、高齢者向けの賃貸住宅である「サービス付き高齢者住宅」、認知症高齢者が共同で生活する「グループホーム」などもある。入居契約の際には、重要事項説明書という書類を添付することが義務付けられているが、幅広く多様化する施設の特徴を一様な形式の中で説明するのは理解しにくく、混乱しやすいように思う。

「光が丘パークヴィラ」は、このような定義がまだない時代につくられた。介護保険もまだなかった時代である。将来の高齢者問題を予測してつくったのだが、分類や規則は後から作られたために、矛盾する点が多かった。

当施設は、現在の分類に当てはめれば介護付有料老人ホームだが、開設当時、診療所を併設し、ケアセンターまで作り、ここまで整備した高齢者住宅は時代の先取りだった。36年が経過し、このシステムはうまく機能しているが、当初は類似施設をめぐって議論になった。パンフレットに「ホテルの機能性、マンションの気安さ」と書いたから、ホテルに近いのではないかと行政も混乱し、事業所税の対象となるかどうかを巡って当時の厚生省、総務省に掛け合った経緯は第1章で述べた通りだ。これもまだ有料老人ホームの定義がされていなかったからだ。苦労して度重なる折衝の末、ようやく課税対象建物から外されたが、当時、有料老人ホームに定義されていればどうなっただろうか。

逆に、有料老人ホームに分類されたために負担を強いられることもあった。最初は要介護者がいるケアセンターは事業者ゴミで処理、健常者のいる本館は一般ごみとして処理していたのだが、有料老人ホームだから全て事業者ゴミに区分されることになった。「自立した入居者の中には住民税を払っている人も多く、働いている人もいる。一般区民と同じなのに、なぜ差をつけるのか。共同住宅と同じではないか」と主張しても、全く応じてくれない。調べてみると、区によって対応はまちまちだった。これはおかしな話だと区に交渉してみるも、東京都が有料老人ホームという分類で事業者ゴミと決めたから認められないという。これは入居者には理解されず、市民権が剥奪された、おかしいとクレームが上がった。

さらに、健康診断も以前は区民として区の健診を受けることができたが、これも認められなくなった。ダメダメのオンパレードだ。一律で有料老人ホームと定義されたために自立生活を営んでいる区民の権利が剥奪されている。有料老人ホームを機能別に再分類しないとこんな問題が起こり続けることになる。

因みに、建築基準法や消防法もたびたび規定が変わり、増改築するときには旧建物にもいっぺんに新しい規定を適用されるため、「光が丘パークヴィラ」も２０２０年の大規模増改築は、規則に適合するために大掛かりな工事を要した。規則制定前の設備にはもう少し柔軟な配慮が必要だと思う。今や有料老人ホームも多彩になったのだから、行政はもう少しきめ細かな分類、対応をしてはどうだろうか。

救急対応と受け入れの難しさ

今は多様な高齢者施設が建つようになり、入居者はどこで暮らしたいかを自由に選択できるようになってきた。しかし、一口に高齢者施設、有料老人ホームといっても、どれも同じではない。救急時の対応や、介護を必要とする場合の受け入れなど、高齢者の暮らしを支えるということは、当然、難しい局面もあり、そこでどのように対応できるかで施設側の質が問われているとも言える。ここではそうした課題について考えてみよう。

課題① 救急時の対応

患者さんの容体が急に悪くなり入院が必要な場合や、救急処置が必要な場合、病院は家族を呼ぶ。家族の同意がないと入院や処置ができないからだ。しかし、有料老人ホームなどの入居者では、家族がいない、老々介護で対応ができない、遠隔地に住んでおりすぐには対応できない人などが多い。その場合、施設では本人・関係者から、病院の処置への同意書をいただいて代行できる。心筋梗塞や脳梗塞では、発症から約5時間が救命のゴールデンタイムと言われており、救急のときの対応を迅速に行われなければ命に関わるためだ。当施設では、管理職や医師が同意を代行する場合が多い。

緊急入院のケースでは、入院するまでたいてい4〜5時間かかる。どこの病院でも入院前に外来で検査をするからだ。入院してからゆっくり検査をしてはと思うが、これは医療保険制度上の制約で、入院してからは病名により検査が制限されるため、できるだけ外来で診察、血液検査、レントゲン、心電図検査、CT検査などを一通り済ませる。各検査室を回るから時間がかかる。全部データがそろってから医師の診断、説明、入院の指示が出る。そして、入院が決まってからも病室で看護師の質問、服用薬や備品のチェック、各種予約、医師の説明、各種同意書の署名がある。この一連の流れがあるため長い時間がかかるのだ。午後の入院では、全ての手続きが終わると19〜20時になることが多い。施設から職員が付き添っても、勤務時間の制約があると夕方で帰らなければならない。その後は管理職が交代で付き添わねばならないことになる。遠方の病院のこともあるし、病院担当医師の説明は、外来や処置が終わってからの遅い時間になることが多く、施設側の医師もいつでも応じられるわけではない。

私の経験では、最初に搬送された病院で対応できず、大学病院に紹介され、緊急手術となり、病院医師と施設側の医師、管理職で夜の2時までかかって対応したこともある。また、がんの診断、治療、病状の説明なども患者だけでは理解が難しいため、施設側の医師と管理職が同席しなければならない場合も少なくない。こうした付き添いの労力は並大抵ではなく、医師や管理職の仕事を圧迫している。いかに合理化するかが課題であるが、この結果、施設に引き取ることができるし、手厚い介護・看護につながるため、大切な業務でもある。患者さんも家族も安心する。これが当施設の特徴であり、入居者との信頼関係構築の基礎にもなっているから、できないとは言えない問題なのだ。

本来、家族あるいは身元引受人が対応する問題だが、実際はすぐに対応できない人が多い。これが救急時の問題で、勤務時間など合理化のネックになっている。多くの高齢者施設でも同様の難問を抱えていることだろう。人間対人間の対応は、ビジネスライクにはいかないからと私はやってきたが、どこの施設でも同じようにできることではないだろう。とはいえ、避けられない問題だ。今後もできる限り丁寧に対応していきたい。

課題② 介護はできるが終末期対応ができない施設も

高齢者施設の中には、介護はできても医療は別、特に終末期の対応ができない施設もある。そのため、終末期の手厚い医療処置が必要な段階になると医療機関へ転出ということが起こってくるのだ。医師による死亡診断書が発行できないと警察の対応になるから、それを避けるため施設から救急車で転送入院とする。救急車は、重症ならどこか入院先を探してくれる。

しかし、急性期の病院の対応には限界がある。病院は在院日数の短縮、早期退院が至上命題となっており、病院での看取りは減少傾向にある。急性期にできる医療処置は可能な限り行うものの、治療方法がない、あるいは全身状態などからこれ以上治療ができないと判断されると、どんな状態でも退院せざるを得なくなる。そこで家庭でも受け入れられず、施設もこれを受け入れなければ、医療難民を作るだけだ。現に高齢者施設や病院のたらい回しが既に起こっている。治療がない患者は、高齢者施設が受け入れて、看取りまでお世話をすることが必要になる。どんな状態でも帰れる、看取りができる施設が必要とされているのだ。「光が丘パークヴィラ」があえてそれをするのは、「終の棲家」を標榜し、安らかな最期を重視しているからだ。今後、多くの高齢者が亡くなる多死社会に入るのだから、高齢者施設が病院と連携して治療法がない患者を受け入れる、在宅医と連携を深めるなどの検討をもっと進めていかなければならない。

中には、受け入れる施設側の条件で、退院時に胃瘻などの延命治療を施すことがある。植物状態でも延命が図れるのだ。しかし、退院目的の延命処置は慎重に考えるべきだろう。当施設でも、初期の頃、家族から頼まれて胃瘻を作ったことがあったが、植物状態で7〜8年生存し、家族もこんなはずではなかったと途方に暮れた。家族も年を取るから、より負担が大きくなった。これが現実で、そのような例を3件経験したので、治る見込みのない人の胃瘻など高齢者では作るまいと考えた。できるだけ口から食べる努力をし、食べられなくなったら終わりという考え方も必要だろう。高齢者の延命治療は将来に希望がある場合を除いては望ましくないと私は考えている。医師による予後の説明が不十分なのも問題だ。「命を救うには胃瘻しかない、どうするかみんなで判断しなさい」という説明だけでは駄目なのだ。家族は後でこんなはずではなかったと思うだろう。最近の病院は、重症患者には、入院するとすぐ最期はどうするか、延命をするかの判断が求められるから、家族は事前に相談して答えを用意しておく必要がある。そのためにも納得できる予後の説明が不可欠だ。

これからの高齢者施設選別のポイント

こうした課題を踏まえて、これから高齢者施設に入居を考える際の選択のポイントをあげてみた。①～⑥までの条件を確かめて、自分の優先する希望なども鑑みて総合的に入居を判断してもらえればと思う。

① コンセプト

当施設は「ホテルの機能性、マンションの気安さ、家庭の味の追求」。そして生活支援、介護・看護・医療支援の連携一体化をめざしてきた。

② 今までの生活と遜色ない暮らしができるか

当施設は、一流建築家の設計による地域に溶け込んだ低層3階建ての住まい、光が丘公園に隣接した緑多い環境。文化施設、ショッピング街、スポーツ施設などが充実し、都心へのアクセスも至便。3駅4路線を循環バスで送迎する。

③　楽しく自立した生活が送れるか

老人の別世界ではなく、今までの生活の延長線で雑事からは解放された、自分中心の生活が送れること。

④　最後まで住める（看取りができる）見通しが持てるか

病院から退院しても戻ることができ、看取りができること。

⑤　災害対策は万全か

地震や近年増えている水害など災害に強い施設であること。当施設は河川から離れた高台に建っているため水害に強く、地盤も硬く活断層もない。

⑥　中間介護を含めたトータルサービスがあるか

元気なときから看取りまで、そして死後の斎場、共同墓地まで、トータルサービスが提供されること。

施設内看取りを考える

ある高齢者介護の実態①

私はこれまで、「光が丘パークヴィラ」に入居された方に限らず、外部の方も含めて数多くの高齢者を診療してきた。そこには、今の日本の高齢社会後の実態がよく現れていると思われるので、思い出深いケースを二つほどご紹介しようと思う。

一組目のご夫婦は、夫が大学教授をされ、定年退職後、よく夫婦で旅行などを楽しんでいた。その後、夫がパーキンソン病になり、歩行困難、転倒、骨折などが重なって、病院や施設を転々とした。病院も施設も3か月すると転院となる。病院で食事が食べられなくなったから、病院は退院させるために胃瘻を作った。しかし、看取りを目的に引き取る施設もなかったから在宅で訪問介護・看護を頼んだ。とはいえ介護・看護スタッフは短時間で帰るし、身体介護が主で家事支援はしないから、高齢の妻には家事の負担がかかる。妻は夫から目が離せず、買い物にもなかなか出られないという生活になった。子供はいるが家庭もあり、それぞれの生活があるから、あまり頼れない。入退院のたびに状況は悪くなり、「妻の具合が悪くなれば、家庭崩壊だ、そうならなければよいが」と祈るばかりだった。

「家で最期まで看たい」という希望も多いと思うが、簡単ではない。家族だけで、しかも高齢の夫婦だけで介護するのは難しい。在宅介護は、健康で丈夫な介護者がいて、そのうえで訪問介護・訪問看護を加えるなら成り立つだろうが、在宅医療で最期を看取れる家庭はそんな家庭だけだ。介護者がいない、あるいはいても高齢者だけという状況ではやりきれない。これが在宅介護の現状なのだ。老々介護では、最後は救急車を呼んで対応するのが現実。そんな現実を見ながら、もう少し高齢者施設の整備が進まないのかと思う毎日だ。

それも、胃瘻など作らなければ受け入れないのではなく、安らかな看取りだけが目的でも受け入れ、最期まで看る施設が必要だ。予後が期待できない場合には、無理な延命はせず、苦痛を取ることだけに努力する。私はその方針で、ご家族の理解を得て看取りをしている。「安らかな死を看取る」、このことが大切だと思う。

ある高齢者介護の実態②

もう一人は、脳梗塞と認知症で自立生活ができなくなり、さらに妄想、幻覚で暴力を振るうなどの問題行動が見られた人だ。介護は困難を極め、病院・施設を転々とした。都心に住んでいるが、都心には受け入れる施設がなく、遠い郊外の病院・高齢者施設を利用することになった。しかし、3か月すると退院するから、次の場所を探さなければならない。子供はいるが海外暮らしであてにはならない。もう治らない病気、身体状態なのに、切れ目のない介護・看護・医療支援が受けられず、行き当たりばったりで対応せざるを得ない。これが高齢者難病介護の実態なのだ。

その点、「光が丘パークヴィラ」にお住まいの方は、最期の看取りまで、介護・看護・医療支援が受けられるので幸せだと思う。暴力を振るい、幻覚・妄想で手がつけられない認知症の人もいたが、最近は向精神薬の進歩で、昔では難渋して精神病院に入院となったような人も何とかケアセンターで対処できている。この例のような悲惨な話を耳にすると、病院も高齢者施設も、もう少し対処ができないだろうかとつくづく思う。問題点は、長期対応では高負担になるうえに保険が減額されることだ。長期対応は負担の問題ばかりなのか。もう少し対処の方法はないのか。「光が丘パークヴィラ」でできたことがなぜ普及せず、なぜ進歩しないのだろうと忸怩たる思いだ。

ある特別養護老人ホームで看取りをした取り組みが話題になった。特養は、老人福祉法に基づいてできた施設だから医療は認められていなかった。しかし、治療のない高齢者もたくさんいるから、そこに医師が参画すれば看取りをするのは必然であり、それができない制度に矛盾があるのだ。しかし、そのような環境で看取りをする医師の努力は賞賛したい。これができなければ、さまよえる医療難民の増加は避けられないだろう。

看取りまで行える高齢者施設を増やすためには、医師がもっと看取りに参加しなければならない。あるいは在宅医療がその方向に向かえば解決できるだろう。これからは、高齢者の予後をきちんと説明し、延命処置ではなく安らかな看取りを勧めることも医師の責務ではないかと思う。あいまいな説明で、退院を目的とした延命処置を増やすことは止めてもらおう。困難を抱える高齢者家族を見ながら、こんな感想を強く思った。苦しまない最期を見守ろう。これは高齢者施設で最期を看取る医師の呟きだ。紹介したこの人も最期は高齢者施設で亡くなり、家族はほっとしている。

施設内看取りはできるか

「光が丘パークヴィラ」ではどうして看取りができたか。看取りをするには長い入院期間がかかり、ベッドが塞がるため、病院は運営効率化のため入院期間を短縮させ、早期に退院させる傾向にある。そのため入院すればすぐに、手術が終わる前から、退院後はどうするか、延命治療の有無などの希望を聞かれる。家族は驚き動揺する。退院時には受け入れ施設側の条件で、胃瘻や中心静脈栄養などの延命治療が施されることもある。言い換えれば、高齢者では助かる治療ではなく、命をつなぐ治療が行われているのだ。医師も家族も疑問を感じながら胃瘻を続ける場合が少なくない。また、私は末期がん患者の呼吸器障害に人工呼吸器をつけるか迷って相談を受けたことがあるが、これも同様で、人工呼吸器をつけても根本的に改善するわけではなく、延命目的だから迷うのだろう。「命を救うにはこれしかない、どうしますか」と医師から判断を投げかけられれば、家族は選択せざるを得ないだろう。しかし、私の場合、「これは医療ではない」と賛成しない。家族には看取りまでの経過を丁寧に説明し、命を救うにはこれしかないといった説明はしない。この予後の説明が非常に大切だ。

私は口から食べる努力を優先し、高齢者は口から食べられなくなったら終わりと考える。とはいえ、決して早々にあきらめるわけではなく、脳梗塞後に食べられなくなった患者も、退院後の努力で食べられるようになる例も多い。これは介護の力だろう。病院で治療がない、治療ができないと言われた患者もできるだけケアセンターに迎え、こうした経過をとった。その結果、ほとんどが施設内で看取るようになった。

「光が丘パークヴィラ」のケアセンターに入居される人の中には、老衰で次第に死期を迎える人もいる。終末対応だ。末期がんで緩和ケア外来に回されれば、静かに死期を迎えるしかない。末期対応だ。これまで176名の施設内看取りをしたが、苦しまず、意識もコントロールでき、みな安らかな最期を迎えた。後悔はなく、医師も関係者も納得する死だった。病院よりもよい環境で、知った顔に迎えられながら、温かい介護・看護を受け、苦痛を取って最期を迎える。最高ではないか。自分自身がこうありたいと考え、私も「光が丘パークヴィラ」の1室を確保した。「静かな平穏な死が迎えられれば、これでよしとしよう」。多くの看取りをしてきたが、これが結論だ。

ちなみに、老々介護になると、兄弟も、関係者も高齢化し、もう訪問はできないから「施設にお任せしたい」と希望する場合も多い。当施設では病状報告だけは密にして、来訪しなくても状況が分かるようにし、死を迎えることも多い。死後の処置も「最期のお願い」ですべて打ち合わせ済みだから、迷うことなく処置が進められる。この同意は納得のいく看取りのために必須だ。

「光が丘パークヴィラ」の看取り

「光が丘パークヴィラ」の36年の歴史の中で、ケアセンターができるまでは、担当職員や設備の不足から、施設内死亡と病院死亡の割合は半々だった。ケアセンター開設後は、職員の充実、設備の充実で、徐々に施設内死亡が増加し、直近の10年では90%

に達した。
内訳を見てみると、今までに２０８名亡くなり、ケアセンター開設前の死亡は25名、ケアセンター開設後の死亡者は１８３名だった。その内訳は病院死23名（13％）、施設内死亡１５６名（85％）、外部４名（２・２％）だった（図表23、24）。外部は自宅に帰られ急逝した人だ。

凡例：病院　施設内　外部

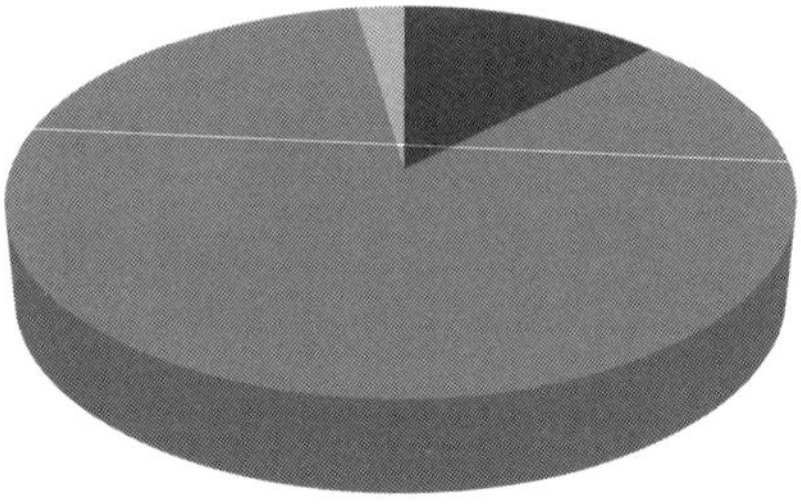

	ケア後
病　院	12.57％
施設内	85.24％
外　部	2.19％
合　計	100％

図表23　ケアセンター開設後の看取りの場所
1985年4月1日～2021年4月6日現在

がんの末期、腎不全の末期、心不全の末期などもあった。いずれも長期に見ている例だから、末期だからといって救急車で病院に送ることはできなかった。病院でも処置がないことがわかっているからだ。高齢者施設の医師は、何のために病院を紹介するか、よく考えねばならない。病院に紹介するよりも、顔見知りに見守られながら穏やかな終末期を過ごす方が良いと思われる末期患者もいる。ここでは長期間観察しているからこそ、このような選択が可能になるのだと思う。中には看取りをするつもりで退院されてから病状が落ち着き、長命の方もおられた。これも環境と介護・看護の力だと思う。

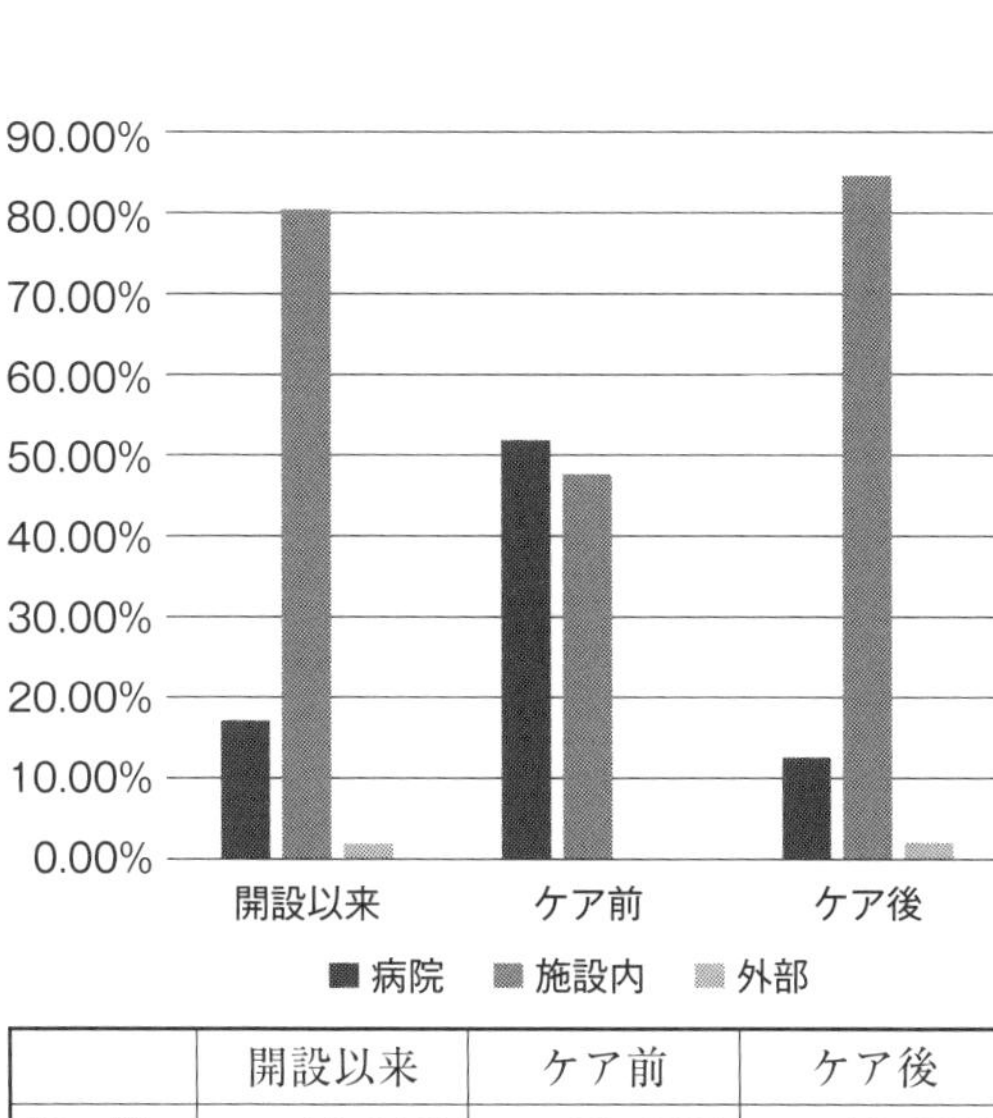

	開設以来	ケア前	ケア後
病　院	17.31%	52.00%	12.57%
施設内	80.77%	48.00%	85.24%
外　部	1.92%	0.00%	2.19%
合　計	100%	100%	100%

開設以来　1985年4月1日～2020年6月25日
ケア前（ケアセンター開設前）1985年4月1日～1994年7月31日
ケア後（ケアセンター開設後）1994年8月1日～2020年6月25日

図表24　ケアセンター開設前後の死亡場所

「光が丘パークヴィラ」のような高齢者施設では、病気対応ではなく、ターミナルライフをどう生きるかがテーマになる。それにはやさしい介護・看護に尽きる。医師は高齢者の予後をよく見極め、ターミナルライフをよりよく生きてもらうよう、職員と一緒に努力すべきだと思う。多くのさまざまな患者さんと接し、これで良かったと考え、安らかな気持ちになる。そうしたことを積み重ね、職員みんなで納得することが大切だ。

しかし、そのように看取りを選択するには、医師だけの判断ではなく、家族・関係者からお任せいただくことを慎重に確認することが必要だ。ここでは、お元気な時からご本人と一緒に生活して、家庭環境、性格、人となりを全て理解しているから、家族・関係者からも信頼を得やすかった。

具体的には、病状について、治療対象でないことを病院と施設の担当医師から説明し、十分な理解を得たうえで、尊厳死の約束に基づいて親族・関係者と看取りを考える。経過については、主治医からの密な連絡を行うことが一番大切で、主治医との信頼関係を作り、「お任せします」という希望を確認する。これは医師しかできない約束である。このように、関係者が来訪しなくても状態が分かるように病状経過の細かい連絡をすること、的確な予後の予想をすることで、関係者が死にあまり驚かず受け入れられ、心構えが構築できる。このことが大切で、どれ一つが欠けてもトラブルとなる。私は、長い経験で予後が大抵予測できるから、多くの臨終場面に立ち会うことができた。予め見通しを伝えることで、来訪できるご家族や関係者が臨終に立ち会える場合も多い。

夜半の死亡については、夜半に来訪しても死を確認するだけだからと、翌朝連絡することを事前に了解していただいている。病院では夜中の死亡を連絡しなかったら非難されるが、医師から事前の説明、予後の見通しを伝えて納得が得られていれば、ここではそのようなことはない。病院では死後のクレームを防ぐためにも家族を頻繁に呼ぶが、ここでは見慣れた顔に見守られ、「ここで最期を迎えられたのは幸せだった」と多くの家族からの言葉をいただいている。

✕ 看取りの手続と最期の対応

誰でも年をとれば最期を迎えるのは避けられない。そのときどうするか。今は考えてもわからない、成り行きに任せようと思うかもしれない。しかし、納得のいく穏やかな看取りを実現するためには、元気なうちに準備が必要だ。これからの社会は予想以上に厳しい現実が待っているが、「光が丘パークヴィラ」では私たちがお手伝いする。お元気なときに、以下のような約束をして、書面に保存する。

① 緊急時のための病院向け委任状

心筋梗塞や脳梗塞では、発症から治療ができるまでの時間（ゴールデンタイム）が限られている。仕事の関係や遠隔地などで連絡しても身元引受人がすぐ来られない場合、委任状があれば施設が代わって入院などの手続きをすすめることができる。無論、身元引受人に連絡をして承諾を得て代行する。病院は承諾がなければ処置ができない。

② 尊厳死宣言（リビングウイル）

治らない最期はどうするか、「余分な延命はしない、しかし苦痛は取ってほしい」などの相談は、お元気なうちに宣言してもらう。そのタイミングが大切だ。

③ 苦痛の除去

麻薬使用の承諾書、鎮静剤使用の承諾書に記入してもらう。

④ 「最期のお願い」

死後の処理（葬儀、納骨）、居室の整理、貸金庫の明け渡し（開閉代理人を決めておく）など、死後の手続きに必要なことを生前に決めておく。

⑤ 遺言信託・遺言書

遺言信託の方は銀行に連絡する。遺言書の作成も認知症になってからではできないため、お元気なうちに準備しておく。

重症状態で入院するとき、病院で最期はどうするか聞かれる。親族はその答えを準備しておく必要がある。無理な延命はお断りと明確に決めて伝えなければ、医療者は延命処置を行うのが原則だ。「光が丘パークヴィラ」の入居者の場合、病院に入院した後にできる治療がなくなったとしても、「行き先（退院先）はパークヴィラです」と医師に告げれば、私たちは温かく迎える。そして、以下のような点を重視して最期の対応を行っている。

① 入居者本人・家族・医師・職員の信頼関係を構築する

元気なときから、長い付き合いの中から生まれる家族ぐるみの人間関係を構築する。本人が一生を託す気持を持つことで、本人の意思が家族に伝わる。そこで家族にも信頼していただき、最期の対応をお任せいただくことができる。

② 密な病院との連絡

特に看取りでは、医師は患者の状態を理解したうえで、予後を考える。施設内で看護・介護をしていると、理解が早い点もある。紹介病院との連携も大切で、治療法がない場合は医師（または職員）・家族が同席して説明を聞く。個人で転々と医療機関にかかっている場合は対応困難となる。紹介なしの入院は、病院との連絡が悪いため看取りがやりにくい。

③ 尊厳死宣言（リビングウイル）は元気なうちに行う

苦しまないように、できるだけの処置をすると約束する。

④ 家族への連絡を密にする

家族・身元引受人に予後を伝え、死に対する家族の心構えを構築する。電話・手紙、メール等で連絡し、合併症が起こると急死する場合もあることを伝えておく。夜半の死亡の場合は、死亡確認だけなので翌朝連絡すると前もって話しておく。連絡を密にし、細かく状況を連絡していれば了解いただける。麻薬使用、鎮静剤を使う場合のスケジュールに関しては、予め家族の承諾を得ておく。

⑤ 看護師への指示は、細かく注意する

末期には医師と看護師の情報共有もより頻繁に行う。職員には責任が問われることがないことを伝え、安心して介護・看護に従事するよう配慮する。亡くなったら必ず（時間は構わず）医師に連絡し、医師も必ず訪問して死亡確認をする。死後の処置の指示をする。家族への死亡通知は医師・支配人から行い、看護師からは連絡しない。

⑥「最期のお願い」に従って、死後の手続きはできるだけ支援する

葬儀業者との打ち合わせには、支配人が（場合により医師も）同席し、戸惑う家族を支援する。納棺は家族、医師、支配人、職員が同席する（内部葬儀の場合で、外部葬儀の場合は関与しない）。皆で送る葬儀を演出する。葬儀には職員も参加するが、家族と親類が多い場合は、職員は控えめにする。貸金庫の引き渡し（開閉代理人）に同席し、遺産相続の手続きの支援を行う。

最期のお願い

必要な事項を丸で囲んでください。

1．葬儀　（する、しない）　献体、　直送

2．葬儀内容　仏式、キリスト教、神式、お別れ会（納棺　一般、キリスト教式）

3．喪主　（いる　いない　）　氏名＿＿＿＿＿＿＿＿　続き柄　（　　　　　　　）

　いない場合ヴィラ代行　荼毘（ヴィラ依頼　あり、なし　）

4．宗派　仏式（　　　　　　　）キリスト教式（　　　　　　　　）

5．祭主出席　（　あり、なし　）　僧侶、牧師、神主

　＊僧侶はヴィラで手配もできます。

　家族が手配する場合　手配先

　名称＿＿＿＿＿＿＿＿＿＿＿＿＿＿＿＿

　住所＿＿＿＿＿＿＿＿＿＿＿＿＿＿＿＿

　電話番号　（　　　　　　　　　　）FAX（　　　　　　　　　　）

6．参列者　（家族、親族、外部参列者　入居者　その他）

7．墓地　（　あり　なし　）　ヴィラ共同墓地希望（　あり　なし）

　ある場合　墓地名称＿＿＿＿＿＿＿＿＿＿

　　　　　　所在地＿＿＿＿＿＿＿＿＿＿＿

8．居室の片づけ

　（　身元引受人、親族、ヴィラ一任　）

　＊ヴィラ依頼の場合は業者一任

9．死亡連絡先

＿＿＿＿＿＿＿＿＿＿＿＿＿＿＿＿＿＿＿＿＿＿＿＿

＿＿＿＿＿＿＿＿＿＿＿＿＿＿＿＿＿＿＿＿＿＿＿＿

＿＿＿＿＿＿＿＿＿＿＿＿＿＿＿＿＿＿＿＿＿＿＿＿

１０．その他依頼事項

＿＿＿＿＿＿＿＿＿＿＿＿＿＿＿＿＿＿＿＿＿＿＿＿

＿＿＿＿＿＿＿＿＿＿＿＿＿＿＿＿＿＿＿＿＿＿＿＿

＊ヴィラ葬儀の場合は、指定業者が手配いたします。

依頼日　令和　　年　　月　　日

入居者氏名＿＿＿＿＿＿＿＿＿＿印

身元引受人＿＿＿＿＿＿＿＿＿＿印

受託者　光が丘パークヴィラ　　印

担当者氏名＿＿＿＿＿＿＿＿＿＿

死後のこの一連の支援はとても大切だ。家族は安心してくださるし、家族や身寄りがなくても、「最期のお願い」により職員で送る葬儀ができる。共同墓地の準備もあるので相談も受けられる。「安楽椅子から墓場まで」、このトータルサービスが「光が丘パークヴィラ」の長所であると自負している。

看取り後の手紙

「光が丘パークヴィラ」では入居者も職員も、一つの家族のようなものと考えている。毎日のちょっとした出来事や、「おはようございます」「お帰りなさい」という一言が、高齢者にとっては嬉しく、安心することで、こうしたことの積み重ねが信頼関係を構築する基礎なのだ。その先に、その人の人生の締めくくりがある。長年、多くの方を看取ってきたが、それぞれが思い出深い。ご存命のときにいただいた手紙や、看取った後にご家族からいただく手紙は今も大事に保管している。入居者やご家族からこのような手紙をいただくと、職員一同ほっとするし、励みになる。そのいくつかを紹介しよう。

〈N・Kさん　88歳のときの手紙〉

「不思議なご縁で先生には長い間大変お世話になりました。御礼、言葉では申し上げられぬ程でございます。心から厚く御礼申し上げます。有難うございました。最後に私のお願いはヴィラでの御事は総てご無用にお願い申し上げます。ご住居の皆様方、職員の皆様に先生よりよろしく御礼をお伝えくださいませ。特に最後の延命処置は総てお断りいたします。」

N・Kさんはしっかりした方で、皆が頼った明治の人格者だった。毛筆の、達筆な手紙をしばしばいただいた。毛筆の般若心経の立派な写経もいただいた。ある時期から認知症が進み、被害妄想で「泥棒に入られる」と言って入口にバリケードを作ったり、特定のヘルパーを疑ったり、大変だった。頭の良い人でいろんなことを考えるから、対応に苦労したが、それも良い思い出だ。体も不自由になり、ケアセンターに入所してから環境が変わり、訴えは軽減して穏やかに最後を迎えた。101歳の長寿だった。当時100歳は珍しく、盛大なお祝いをしたことを覚えている。葬儀ではたくさんの入居者に見送られた。

〔N・Kさんの娘さん3姉妹からの手紙〕

「20年の長い間、本当にありがとうございました。101歳まで長生きできたのも美しく整えられた環境、職員の方々の行き届いたお世話、しっかりした健康管理（特にバランスが考えられた多彩な食事）によるものと感謝いたしております。また葬儀にあたりましての準備その他すべて細やかな心温まるお気遣いをいただき、かつ手厚いお見送りを頂戴しましたことも、併せて厚く御礼申し上げます。

母の葬儀に際しましては、行き届いたお心遣いで、すべて取り計らい下され、誠にありがとうございました。亡き母も心から感謝申し上げていることと存じます。お陰様で法要を営みまして、気持ちは少し落ち着いてまいりました。私達3人のうちに母は生き続けていると思っております。パークヴィラのスタート時よりお世話になり、その間大病をすることなく穏やかに最期を迎えることが出来ました母は、幸せであったと感謝申し上げております。今年はことのほか寒いようでございます。先生にはご無理をなされませんようにお体に気を付けてください。

ご丁寧なお便り恐れ入りました。先生には何から何までよくしていただき心から感謝申し上げます。文字通りの極楽往生でございました。穏やかに静かに旅立っていった母はきっと満足で幸せだったものと確信しております。本当に長い間には迷惑をかけたこともございましたでしょうに、最後まで心を込めて介護くださり有難うございました。山々御礼申し上げます。寒さ厳しい折くれぐれも御身おいといのうえご活躍をお祈りあげます。」

〈H・Iさんの関係者の方からの手紙〉

「皆様のお導きでH・Iの遺品整理と納骨というファイナルを無事終えることができました。白寿1歩手前まで長命に過し、心細くなりがちな余生を精一杯の心配りをして守ってくださいました。遠くの親戚より近くの他人といいますが、いつも親身になってお世話をいただき、本当に有難うございました。H・Iさんの死に、顔は見えてこない私ですが、納骨には心を込めて手を合わせました。そのとき、老鷺が美しい声でさえずり出し、天に導く使者の神々しい鳴き声に聞こえました。森林公園への道すがらも、ムクゲ、夾竹桃が白や桃色の花をつけ、プラタナスの並木道、田園風景は涼しいみどりの風、澄んだ空気を運んでくれました。墓域は高台にありながら、周囲は人の住まう気配もあって、美しい視界の広がりに心安らぎました。共同墓地は、先人と一緒という安心感も大きく、願ってもない安けき地に埋めて頂き、私もほっと安堵しました。H・Iさんは、ここで本当に、永遠の良い眠りについたことでしょう。H・I様が光が丘パークヴィラに入れて頂かなかったら、どんな過酷な余生が待っていたことかとふと心恐ろしくなります。質の高い素敵な余生は、ここから始まり、長閑な幸福の時を過ごさせて頂きました。H・Iさんのご縁で出会えた光が丘パークヴィラの皆様は、私の生涯にとっても宝でございます。慈愛の眼差しで誠心誠意尽くして下さった数々の御恩は、記憶をたぐるたびに温かい心に包まれ感謝へと連なります。帰りの新幹線で500ccのペットボトルを求めました。1日にこの500ccで1か月半も口から食べられなくなったH・Iさんの秘められた生命力を育んでくださったのも、27年間のヴィラの良い食習慣と食事のおかげと思いました。若い時は不定愁訴いっぱいのH・Iさんでしたから。納骨から玄関に戻ると玄関には引越業者のトラックが横づけされ、新しい入居者の荷降ろしをされていました。希望に満ちて終の棲家に入居されるお方の晴れの門出の一歩、よい選択をされて、お入りになられたお方の平安をと心から祈りながら、ゲストルームへと急ぎました。光が丘パークヴィラの美しい伝統が、これからも脈々と続いていくことを、心から願っております。

老人施設の介護ロボット、医療現場の医療ロボットなど。人手不足や人力の及ばないところを補佐するロボットが目覚ましく開発され始めました。でも人の交流ほど心豊かにするものはないと思います。これからも尊い皆様のご活躍に、はるか京都より期待と祈りのエールを送りたいと思います。ご縁をいただいたお一人お一人のお優しい眼差し、お顔を思い浮かべながら、御礼の文を綴らせて頂きました。

感謝しつつ、祈りつつ

中村美和先生

ご一同様へ」

〈H・Iさんの娘さんからの手紙〉

「追伸

いずれお別れは来る。でも、現実として受け止める日が、そんなにすぐに来るとは思ってもおりませんでした。先生には十分なお礼も申しあげていなかったように思います。改めて御礼申し上げます。思い返すと母のヴィラの生活は、おかげさまでとても楽しいものだったと、改めて感じております。有難うございました。どうぞお元気で、ご活躍と繁栄を願っております。」

一生の間には、晩年激しい認知症になり、大変な時期に入る人もいるが、すべて当施設で対応するため、ご家族はその実態をそれほど大変さを感じないで終わることも多い。本人もケアセンターで暮らし、最期は穏やかに迎える。向精神薬が進歩したこともあり、初期の頃より認知症の対応も楽になり、どうしても手に負えないということもなくなった。認知症では記憶の一部が抜け落ちてしまうから、本人にご理解いただくことは難しく平行線だが、話題を変えて対処するしかない。職員には大変な思いをぶつけたり、よく接する人ほど疑われたりするが、それも一時期で晩年は落ちつく。認知症は長い期間のお付き合いとなるため、職員にはずいぶん我慢をお願いしてきたと思うが、よく病態を理解していただき、やさしい厚い介護を実践してくれた。改めて感謝申し上げたい。

看取りの医学を考える

現代医学では安らかな看取りを迎えられない?

高齢者には避けられない最期がある。そのときいかに安らかに看取れるかを「光が丘パークヴィラ」は36年間テーマとしてきたが、日本の医学では、1日でも生命をつなぐことが使命とされてきた。私が若いころ大学病院で受けた医学教育は、延命をして患者の看取りまでして、最期は遺体解剖だ。今振り返ると、大学では血液学専門の教授のもとで白血病患者が多く集まっていたため、若い年代での死に向き合うことが多かった。そこで医師は一生懸命診て、最後は剖検まで持ってゆかないと一人前ではなかった。そこまで持ってゆかないと医学に貢献できない、そう割り切らないと医師は医学の目標を失うとさえ考えていた。だから1日でも延命することが使命と、看取りについて真剣に考えたことはなかった。

また、大学の老人科で若い医師の延命の医療を見て、高齢者の看取りについて間違っていないかと話したときは、教授から「治療が無駄だとは言えない」「治療を中止せよとは言えない」と言われた。確かに命の大切さを尊重しなければならない。しかし、長く医師を続け、たくさんの高齢者の最期を見ていると、看取りの医学も大切だと思うようになった。そして、安らかな死をどう迎えるかがテーマになった。病院で治療がなくなった後で行き場のなくなった患者を受け入れてきた経験から、最期の看取りの在り方が大切なことを痛感した。

ある在宅医が、父親の在宅看取りを経験し、「医学は治療ばかりではなく、看取りの医学もあるのではないか」と著書に記しているが、私もこれに同感で、実際に人の寿命は一概には決められないことを経験している。もう治療がないと言われて退院した患者が年単位で元気に暮らす例もある。一方、植物状態で胃瘻を作って8年生きた人もいたが、家族も疲弊した。末期がんでホスピスから転院してきたのちに年余の生命がある人もいた。また、あるご夫婦は、末期がんの夫をホスピスから引き取った後、8か月間自室で楽しく暮らした。夫婦で納涼会、忘年会にも出られた。その後、衰弱が進み、時間単位で麻薬を管理することとなり、ケアセンターに移って4か月暮らし、最期を迎えた。その間、痛みが軽減すると、ご本人は病気が治るように期待した時期もあった。こんな看取りもできるのだ。

現状では、末期がんの入院も困難な場合が多い。末期がんで緩和ケア外来に回された患者は、自分で病院やホスピスを探さねばならないが、高齢者施設で末期がんの看取りまでできればホスピスは必要ないのではないだろうか。人の寿命は一概には決められないから、高齢者施設で迎える終末を、もっと尊重すべきではないかと思う。無論、病気の進行で急激に容体が変化する例もある。そんな状態でも治療の施しようがないからと退院を余儀なくされる例が少なくない。いずれにせよ、期間の長短はあるが、誰もがめざす最後のゴールは安らかな看取りだ。今までの医学では忘れられていた「看取りの医学」も大切だと思う。どのようにしてエンドステージに持っていくかは、人さまざまであり、一律にはいかない。しかし根本は安らかな死だ。では、どうしたら安らかな看取りに導くことができるか。胃瘻や延命治療は、苦痛を長引かせるだけだから、できるだけ避けたいと私は思っている。自然な最期を迎えることも大切なのだ。

看取りの医学

「光が丘パークヴィラ」では、医師がご入居者と長く生活を共にし、その人となり、家庭環境などを理解している。その予後もわかるから、安らかな死を迎えていただこうと考えた。36年の経過の中でさまざまな看取りをしてきたが、看取りは皆同じではなく、一人ひとり違った。

比較的若い末期がんの患者の死は、見る側も、見られる側も苦労する。死への葛藤があるからだ。それでも近年は、麻薬と鎮静剤の使用でコントロールできるようになり、昔のように苦しむことは少なくなった。一方、超高齢者の死は、総じて安らかな死が多かった。それぞれに自ずと対応が異なる多くの看取りを経験し、苦しみを放置しない、看取りの医学の在り方を見出した。

「光が丘パークヴィラ」の看取りは、場合によっては麻薬や鎮静剤を使うこともあるが、なるべく苦痛を伴わないよう医療処置も最低限にする。しかし、補液は必要だ。

いつまでもみずみずしくあってほしいからだ。最期の補液は、持続皮下注射で行う。一般には最後まで静脈確保がなされる医療が多いが、これは苦痛と抑制を伴い、危険もあり目が離せなくなるからあまり意味がないと思っている。私はおなかの持続皮下注射で補液するから、本人も注射されていることは気づかず、苦痛もない。抑制もされないため体も自由に動かせ、入浴もできる。補液量も500～1000mlと、経過により調整する。これで全く食べられなくなっても2～3か月は平穏に過ごせる。長いと6か月頑張る方もいる。

昔の死を辿ってみると、隔離されて水だけを与えられたという記録が多く見られる。離島では、隣に隠居小屋を建て、そこに住まわせ、水だけで最期を見守ったという。今ではそんな風習はなくなっただろうが、もっと悲惨な末期になっていないだろうか。病院で行われている延命治療の最期の姿を見ながら、もっと快適な最期があると思うし、それを実現してきたという自負が私にはある。高齢で口から食べられなくなったら、何とか口から食べる努力をして、どうしても食べられなくなったら持続皮下注射で静かに見守ろう。胃瘻や鼻腔栄養、中心静脈栄養はやめ、しかし苦痛を取るために最低限の処置はする。体が動けなくなるとエアーマットを使うから、床ずれもほとんどできない。そうして安らかに最期を迎える。こうして自然な死をめざす。

超高齢者の看取り

看取りを行う中でも超高齢者の死は、若年者と違い、苦痛の少ない最期を迎えることが多い。70代の医療と90代の医療は明らかに違い、その意味では超高齢者の看取りはこちらの負担も少なかった。超高齢者は、持病の勢いは衰え、フレイル、老衰、認知症が加わるから、死期の苦痛から解放される。死期から見ると認知症は天の贈り物とさえ言われている。がんでも超高齢者になれば「天寿がん」が多く、がんであることを忘れ、天寿を全うする人が多い。天寿がんとは、「さしたる苦しみもなく、天寿を全うしたように人を死に導くがん」のことで、財団法人癌研究会癌研究所名誉所長の北川知行先生が提唱したものである。この天寿がんが高齢者のがんでは20～30％を占めると言われている。認知症で本人ががんであることを忘れている例もあるから、実際にはもっと多いのではないかと思う。さしたる苦しみもないのであれば、無用な治療で苦しみを増やすことは避けるべきで、医師は予後を見極め、余分な延命はしないことが重要だと思う。

痛みや苦痛を取るための麻薬と鎮静剤の進歩が、末期対応を楽にしているという面もある。ただし、これも70代の末期がんは苦痛を伴い、麻薬を使う場合が多いが、90代以上ではほとんど使わないか、使っても少量のことが多かった。認知症とフレイル、老衰を伴い痛覚閾値が低下するためだろうか。

高齢者の死は一般的に穏やかだ。最期まで血管確保され、抑制される現代医療が本当に必要だろうか。超高齢者に若年者と同じ医療をしていないだろうか。高齢者の看取りは、安らかな最期が目的なのだから、口から食べる努力をし、どうしても食べられなくなったら終わりと考えてよいのではないか。

ただし、看取りには医師と職員、本人、身元引受人など関係者の間の信頼関係の構築が基本であることを忘れてはいけない。安らかな見送りができるとほっとするが、この気持ちを大切にしよう。みんなで送る葬儀ができればなおさらだ。毎回、これでよかったかの反省とともに、安堵感を得る。

よりよいターミナルライフのために

人間は皆、年をとると必ず最期があるが、末期の患者さんの訴えは尊厳死宣言（リビングウイル）しかない。判断力がなくなればなおさらだ。自分の最期がどうあるべきかは、明確な意思が述べられる自立した時期に希望を書いておくことが重要だろう。治療がない、治療ができない段階になると医療は補助的で、介護・看護が主体となる。最期を任される医師の立場では、どこまで医療処置が必要かの見極めが大切だが、できれば複数の医師により判断されるのが望ましいだろう。その後は、ターミナルライフをよりよく生きる支援をすることだ。高齢者施設で長年一緒に生活してきている超高齢者の場合は、その判断は比較的やりやすい。病気だけでなく、その人の生活歴や環境、家族関係などを含めた全面的な判断が必要だろう。

苦痛と抑制を伴う胃瘻、中心静脈栄養等の処置はできるだけ避け、口から食べられなくなったら、皮下補液をしよう。苦痛の強い末期がん、精神症状の強い例では麻薬、鎮静剤、向精神薬が使われることもあるが、これはいずれも苦痛や不穏を取るためだ。

しかし、超高齢者ではこの薬を使うことも比較的少ない。

施設でのターミナルライフをいかに過ごすかという意味では、医師の判断も大切だが、職種を問わず職員の温かい協力が必要だ。介護が長期化したり、家族も高齢化したりするとどうしても訪問が少なくなるから、顔馴染みの職員に見守られ、温かい介護・看護が受けられることがなお大切になる。

著名な小児科医であり育児評論家の松田道雄先生は『安楽に死にたい』という著書の中で、「高齢者の良識からすればCureはたくさんだ、Careだけにしてほしいという事だが、医者には理解しにくい話だ。生物的生命を一分でも一秒で伸ばすのが医学の使命と思っているからだろう。医者は死に近い人間をTerminal IIIという。IIIがある限り医者は治療をするのは当然だと思っている。高齢者にとってはIIIがあってもTerminal Lifeを生きたい。死に近くなるほど、ものの考え方が医者から遠ざかってゆく」と書いている。病（III）があっても治療はいいから、介護・看護に力を入れてほしい、ターミナルライフをよりよく生きたいと訴えている。これが高齢者の本音だと思う。病院は看護・医療を提供するが、温かな介護は欠けているからだろう。

「光が丘パークヴィラ」では、苦痛のない補液で最後までみずみずしさを保ち、安らかな死を迎えるという看取りの方法を、関係者の理解を得ながら今も実践している。私が考えたこの看取りは、医師である娘に引き継がれ、ご入居者のご理解をいただいている。皆、入居時に尊厳死宣言をして、ご家族と看取りについて相談し、安楽な看取りをすると、親族は顔を見て安堵する。

昔と比べて、近年は末期対応も行いやすくなっているが、事前に関係者の十分な理解、同意を得ることが原則だ。その意味ではどうしても医師が介在しないと難しい。関係者への医師の説明と同意（インフォームドコンセント）をしたうえで、看護師に細かい指示をして、十分な介護・看護をし、看取りを迎える。介護者や看護者の責任を問われることがないように、医師は十分な配慮をし、安心して看取りを迎えられるような環境を作る必要がある。当施設ではこれまで183件の看取りで1件もトラブルがなかった。これは、そうした細かい配慮があってこその結果だ。ご家族から「ここで看取られて幸せだった」という言葉をいただくと、看取って感謝されるのは関係者みんなの喜びだと心底感じる。老々介護など親族にもさまざまな事情がある現代は、なおさらこのような看取りが求められるのではないだろうか。

現代医学では安らかな看取りを迎えられない。高齢化時代を迎え、「看取りの医学」が必要だとつくづく思う昨今だ。無用な延命はしないとご理解をいただきながら最期を迎える。これで良いのだと確信している。長年、高齢者の対応を経験してきたからだ。これが私の結論だ。

第4章

死後の安心を

老後の金銭管理をどうするか

認知症患者の遺言書を巡る裁判

私は多くの高齢者の最期を見てきたから、遺言、相続争い、相続の裁判など種々経験をしている。その中で遺言無効の判例を経験したので、興味ある点を述べてみたい。

明らかに認知症が進行して、遺言など無理と考えていたケースである。私が主治医で認知症の診断もしていたから、事情をよく理解していた。終戦前に父親が戦死し、母親は家を守るため、2人の娘を抱えて弟と再婚した例だ。戦後はこうした例がよくあった。2人の娘は父親（再婚した弟）の子供2人と一緒に4人姉妹として育てられたが、長女は戸籍から除籍され、次女は病気をして父親の戸籍に養子縁組された。戸籍から見ると複雑になっていた。

父親の逝去で、相続についてはむろん長女は除かれ、養女（次女）と父親の2人の子供に相続された。そこで母親は、自分の相続（2次相続）では長女に自分の財産を相続させると決め、念書を作成し、遺言書を信託銀行の遺言信託で作った。これは良い相続と評価され、財産分割書に相続人の4名は同意し、念書に署名した。

父親は長女夫妻を全面的に信頼しており、生前の約束で、財産管理は長女夫妻に託し、実印の管理も依頼していた。父親は昔の地主であったため、土地の管理が複雑で、借地権、不法占拠、一時貸の長期化、長期使用権契約等、長女夫妻の大変な努力で借地権をゼロにし、その他の土地も整理した。とても相続ができない貸借関係と思われたが、20年かかって整理ができた。その後の父親の逝去だったから、相続人である子供3人も経過を知っていたため反対もなかった。後で不満が起こらないように、3人には生前贈与も繰り返されていたし、長女夫妻は相続人ではないから、損得ない客観的な判断ができ、満足な相続ができたのだろう。

母親は遺言書を作り安心したのか、その後、認知症が進んだ。問題は、3女の夫が父親の信頼を得られず、養子縁組の働きかけをかなりしたものの最期まで両親から養子縁組を許されなかったことだ。しかし、母親の認知症をよいことに、3女の夫は実印の改印と養子縁組を兄弟の承諾も得ずにしてしまった。母親は何か悪いことをしてしまったと苦悶したが、その内容は分かっていなかった。3女はお見舞いなどすることがなかったのに、ある時期から異常なお見舞を繰り返した。毎日病室を訪ね、動けない母親を車椅子で家に運び、母親との会話を録音し、証拠づくりをしていた。そのやりくりは弁護士の指導によるものだった。

3女は主治医から認知症の説明を受け、遺言手続きは無理といわれていたが、認知症専門病院の院長にセカンドオピニオンを求め、遺言能力があると診断してくれと訴えた。院長は診察と検査で、その詳細を記した診断書を発行した。遺言能力の有無については裁判所が決めるものと記載しなかったが、診断書の中に、「私の財産は3女夫妻にあげると云った」と書かれた。3女が母親を誘導してこの言葉を言わせたのだ。医師が読めば遺言能力がないことは明らかな診断書だったが、担当弁護士は「財産をあげる」の言葉に勢いづき、診断書の内容を無視して遺言能力ありと判断し、公証人に遺言書の作成を依頼した。公証人は、弁護士の依頼だから全て織り込み済みと考え、遺言書を作った。

こうして除籍された長女と4女を原告、3女夫妻を被告とし、認知症発症以前の遺言書と認知症発症後の遺言書の有効・無効を争う裁判に発展した。被告弁護士は、被告の証言で4女を脅迫するような文章を内容証明で送ったり、被告の嘘の発言を取り上げたりすることに終始した。原告が全て答えられる内容だったが、延々と裁判が続いた。あまり長引くので原告側は示談を提案したが、勝てると考えた被告は拒否した。その後、原告側にも強力な弁護士が加わり、裁判所に再度、医師の尋問を要請した。医師は自分の意見が理解されていないことに驚き、詳細な意見とともに遺言能力はないことを明記した。そうして裁判は原告勝訴の方向に動き、3名の裁判官の合議体で判決した。被告側は高裁に提訴したが、原告側は2度目の判決の予定を確認し、勝訴の確証を得たので、長引く遺留分の争いと、しがらみを残すまいと考え、示談を決めた。被告弁護士にすれば敗訴より示談の方がメンツもたち受託するだろうと考えたが、その通りになった。判決は次のような内容だった。

「相続人の誰かが、遺言者が納得するような単純な理由を繰り返し話して聞かせれば、別の相続人にすべての財産を残すという遺言を作成させることができた可能性は否定できない。他の相続人との関係を制限した場で、1人の相続人が自分に有利な遺言を作ろうとすれば、その通りにできたであろうと考えられる。おそらく、全く内容の異なる遺言書を作成し、それを読み聞かせて諾否を問うても、同じ答えをした可能性が極めて高い。自己が置かれていた現実の状況を理解・把握する能力を失っていた遺言者を、被告夫妻が誘導することによってなされたとみるのが相当だ。医学的観点からも法的観点から見ても遺言能力を欠いていたことは明らかだ」

この判決が出るまでに3年数か月、延々と議論された裁判の在り方に疑問を感じ、できることなら裁判などやるものではないと思った。実印の改印、養子縁組、さらに遺言書の作成などが弁護士の指導で行われたことの是非も検討してほしかった。認知症について正しく理解しないまま、表面的な理解や思い込みで物事が進んでしまうように感じた。念書には、遺留分の請求はしないと明記されているのに、念書は家庭裁判所に提出して認可を受けていなければ効力なしといわれ、多額の遺留分の請求になったのもなかなか理解できない点だった。

今後このような事例が頻発すると思うので、この例は参考にしてほしい。認知症は海馬の萎縮で、過去の記憶が抜け落ちてしまうことが特徴だ。このことを関係者は理解しておいてほしい。認知症になると遺言が困難になるから、遺言・相続は早いうちに準備をしておかなければならない。なお、この裁判の判例は「判例時報」平成29年6月11日号に掲載されている。

認知症の金銭管理

認知症が始まると、金銭管理に混乱が起こることが多い。盗まれた、通帳がない、鍵を盗まれたとの訴えがよく見られる。当施設では居室の鍵は厳重に事務所で管理しているから、一般職員は部屋に入るときは許可がいる。したがって合鍵で入ることはない。掃除の際は2人1組で行い、1人では部屋に入れない。しかし、「鍵を開けて誰かが入った」と主張される。本人確認があるから、すぐ現金を下ろされることはないのだが「通帳を盗まれた、お金が下ろされたのではないか」と訴えることもある。なくなったものが出てきても、あったとの報告はない。一方、元気な自立している人はドアに鍵などかけずに出かける人もいるが、そのような人からは、部屋に入った、盗まれたとの訴えはない。

認知症の財産管理はどうするか。子供がいれば子供に頼む場合が多いが、子供がいない場合、甥、姪では、身元引受人にはなるが、ほとんど来訪しないし本人との接触も少ない。そのため財産管理は任せない場合が多い。そこで当施設では、現金、重要書類、貴重品、キャッシュカード、日常使う預金通帳以外の通帳などは、個人貸金庫に入れてもらうことにしている。入れたものは写真に撮り、ご本人と事務所の双方で保管する。相続の際は、貸金庫を開けば間違いはない。この方法で、これまでトラブルは皆無だった。

認知症の人が現金を持っていれば、盗まれた、なくなったとのトラブルが始まる可能性が高いうえ、現金が盗まれると証拠がないから確かめようがなく一番怖い。一番身近にお世話した人が犯人にされることが多い。現金を見つけるのも大変で、一緒に探して布団の下などから見つけると、必ず盗った人が入れたのだと主張する。これは不思議なことに言うことが皆同じだ。そこで現金は極力持たないでいただくことにし、必要な時は立替払いで月末請求とし、毎月記帳をする。この方法で管理すれば、キャッシュカードの暗証番号で現金を引き出してしまう詐欺の被害予防にもなる。

最も大切なことは認知症の始まりを早く見つけることで、これは日常接する職員からの情報が大切だ。特定の個人が冒頭のようなことを繰り返し訴えることなどから、少しおかしいと気づくことができる。その報告に注意し、貸金庫等の管理も慎重に行う。また、認知症の金銭管理は、疑いをはさむ余地がないように必ず証拠を残すことも大切だ。

終活はどこまで必要か

終活の手引きや指導書が氾濫している。銀行や税理士、また墓地業者も活躍しているし、終活業者も出てきた。終活は本当に必要なのだろうか。高齢者がだまされる例や老後の生活を強制される例もあるという。私たちは老後を自由に生きればよいのであって、最低限、子供や周囲に迷惑をかけないよう準備すればよいのではないだろうか。

第1章で述べたように、難病の父親を母、家政婦、診療所の看護師、妻と私で介護し、生活支援・介護・看護・医療支援の連携で看取った。この経験をもとに高齢者専用住宅を作った。私は医師ということもあり、結局、自分の両親、妻の祖母、両親を看取ることになったが、これは想像以上に大変なことだった。また、私は多くの老人の看取りをしてきた。そうした経験をもとに、子供や周りに迷惑をかけない、自分の終末を考えてきた。自分の老後は自分の責任だと考えると、大切なことは次のようなことだと思う。

①　老後は高齢者専用施設で

自分でできなくなれば誰かの世話にならなければならない。子供に期待できなければ、私は自分の作った高齢者専用施設に入ろう。生活支援・介護・看護・医療支援が連携・一体化しているから文句はない。1室を確保した。

②　遺言書を作る

残った財産があればどう分けるか。これは残る人に任せるとなかなかうまくいかないことを経験している。親が決めておくことが大切だ。子供がいても、公正証書も遺言書も隠されれば指示通りにならない場合がある。思い通りにはいかないのだ。そんな例を見てきたからだ。子供がいない場合もなかなか思い通りにはいかない。夫側、妻側の相続人がいるから、遺言書や公正証書が無効にされる例もある。自分たちの意思を通すには、銀行の遺言信託しかない。これは執行者が銀行だから、指示通りにいく。私と妻の財産は相互にもらうよう決めておくが、その後に相続問題がある。遺言書は大切だ。

③ 財産目録を作る

残った財産がわかるようにしておく。換金ができる資産に整理しておくことが大切だ。

④ 墓の処理を指示しておく

私の場合は、菩提寺にあった墓地（更地）を寺に返還し、離檀した。娘二人だから私の墓に入るかわからない。そこで、親族なら誰でも入れるように、霊園の共同墓地の並びに、「天を仰ぎ安らかに眠る」と記した無宗教の墓を作った。後を継ぐ人のいない墓の処理で、いろいろな困難が起こることがあり、長男しか入れない檀家制度の矛盾を見てきたからだ。墓は魂のよりどころだから必要だと思うが、江戸時代にできた檀家制度がまだ改善されない。個人の苦労は計り知れないのに、墓が増えるばかりだ。一族の墓に制度を変えてはどうか。仏教界がその方針を出せば簡単だ。墓を守るのではなく、寺を守るだけでは意味がない。死後の問題は死人に口なしだからか。

⑤ 葬儀の方法を指示しておく

高齢になり、友人、親戚も少なくなるから、私は無宗教のお別れ会にしてもらおう。戒名では誰の墓かわからないから俗名と死亡日だけ記入してもらおう。どうしても必要なら偲ぶ会を行えばよい。香典、献花はお断りしよう。

⑥ 納骨の方法を指示しておく

初めから散骨して、土に帰そう。自然の循環なのだから。

最近の死亡通知を見ると、親族、近親者で済ませたのでご芳志はお断りとの報告が多い。本人がご逝去したのだから、当たり前といえば当たり前だ。世話になったら生前にお礼をしておけばよいのだ。その意味で生前葬をする人もいるが、私はこれには違和感をおぼえる。

せっかく長く生きたのだから、これだけの準備をしたら自由にさせてもらおう。寿命がきたら無理な延命をせず、自然死を望みたい。

コラム

後見制度の怪

老後の財産管理に後見制度を利用することがある。後見制度には任意後見制度と法定後見制度があるが、認知症などで意思判断能力がない場合は法定後見制度を利用し、誰を後見人とするかは家庭裁判所が決定することになる。これにも問題が多いことを経験しており、後見制度の利用は慎重に検討すべきだと思う。

ある原子力物理学者の女性は、国立大を定年退職し、大阪の私立大学の講師をしていた。ご主人が逝去した後、出身である東京に戻ることに決め、当施設に入居契約し、しばらくは東京と大阪を行き来していた。いよいよ大阪の家を処分することになったが、書籍や資料がたくさんあり、なかなか売買契約が決断できなかった。そうこうするうちに大阪の家から「まだ夕食が届かない」と電話があった。女性は認知症を発症し、大阪にいるのを忘れ、大阪と東京が混乱していた。売買契約が決まっていた大阪の家も、認知症が出てきたため1人では契約ができないと不動産会社から連絡があった。優秀な兄が身の回りの処理をしていたが、後見人を立てないと契約ができないと言われ、相談のうえ法定後見人を立てて契約を行った。この際、家庭裁判所は後見人として2人を立て、金銭管理は弁護士、身上管理は兄を指定した。後見人の弁護士に署名・捺印をもらい売買ができたが、実質的な作業は署名捺印だけで多額の請求がなされた。私は「財産管理をするのが、なぜ兄ではいけないのか」と疑問に思い、不動産の売買が済んだら後は兄が引き受ければ後見人は必要ないと家裁に申し入れたが、家裁からは「病気は治りましたか、治らなければ止められない」と言われた。認知症は治るわけがないから、後見人の費用を一生払い続けることになる。死亡するか破産する以外に止められない、報酬額は財産により家裁が決めるうえ関係者にも教えられない、といった後見制度の矛盾が法務局に多数寄せられているという。長生きしたら売却財産もなくなるのではないか。安易な判断で後見制度を使うべきではないと思った一件だ。

旅立ちのお見送り

「光が丘パークヴィラ」での葬儀・埋葬

高齢者のトータルサービスを提供するには、老後の金銭管理も重要だが、本人の葬儀、埋葬も大切なことだと考えている。看取りから葬儀、埋葬までは、考えねばならないことがたくさんある。人一人が死ぬというのは、それだけ重いことなのだ。しかし、安らかな大往生を看取ったのも束の間、喪主を経験した方ならおわかりだろうが、しみじみと思いに浸る間もなく、次から次へと葬儀と埋葬に向けて瞬発力が要求される。その時が来てから、限られた日数で色々なことを決めるのはご遺族にとって負担である。そのため、「光が丘パークヴィラ」ではご本人が元気なうちに「最期のお願い検討事項」の書類を書いて残していただくことにしている。これがあれば死後に迷うことなく段取れるので大変役立っている。

当施設では、施設内に斎場を作り、入居死亡者のほとんどを施設内でお見送りしてきた。葬儀形式も「最期のお願い」にその内容を記録してあるので迅速に対応することができる。当施設で準備し、関係者は出席するだけだ。身元引受人も甥や姪など遠い関係の方が多くなっている中、準備万端整えて待っていると大変喜んでくださる。葬儀は宗教・宗派を問わずどんな形でもできるが、最近はお別れ会が約40%を占めるまでに増え、僧侶も牧師も出席しない葬儀が増加している。長寿化と高齢化で、友人も少なくなり、親族だけの密葬が増加した社会的な流れを反映しているだろう。しかし、ここでは親族、入居者、職員が出席し、みんなでお見送りをしている。合理的な一つの葬儀の形ができている。むろんどこで葬儀をしても自由だが、当施設では施設内葬儀を希望されるケースがほとんどだ。これまでの葬儀を見て、自分もこうしたいと思う人が多いからだろう。

当施設のケアセンターで亡くなった場合、そのまま看護師や介護士が清拭、死化粧をして斎場に送る。斎場では葬儀社が納棺して式場を作る。式場は花を中心に飾られ、施設から「光が丘パークヴィラ一同」として生花を出し、入居者の心付けは一切いただかないことにしている。葬儀社の選択も自由だが、指定業者があるから廉価にできる。大勢の弔問客が見込まれる方は、ひとまずここで簡素に葬儀を終えて、後で偲ぶ会を開いている。コロナ禍においては、斎場も人員制限を余儀なくされるなど、葬儀も偲ぶ会も縮小されている。

代表的な葬儀

最近は巷にセレモニーホールがたくさんできて、過度な葬儀を企画することもあるが、そうした葬儀は料金が高くなるし、出席してみて私は違和感を覚えた。セレモニーの見栄えではなく、送る心を大切にしていただきたいと思った。「光が丘パークヴィラ」の葬儀は簡素だが人間味があり、皆で見送る心があるから魂は昇天できると思う。私たち職員一同、葬儀には必ず出席し、厳粛な気持ちで亡くなられた方をお送りしなければと考えている。魂の昇天をきちんとお見送りすること。これも「終の棲家」の最後の仕事である。この締めくくりを大切にしよう。思い残すことがないように、心を込めて。

葬儀会場

埋葬は自分の墓、あるいは「光が丘パークヴィラ」の共同墓地が利用されている。死ねば肉体も心もなくなるが、魂は残るだろう。死後の魂がさまようことなく天国に向かえば、みんな安堵する。墓とは魂のよりどころだ。だから、森林公園の近くにできた霊園にいち早く、宗教に関係なく誰でも入れる墓を作った。戒名ではなく俗名と死亡日が記載される、きわめて近代的な共同墓地だ。俗名なら誰かすぐわかる。せっかくこの世に生まれたのだから、名前くらいは残そうと考えた。墓石には「安らかに」と書いた。安らかにお休みくださいというみんなの願いだ。この共同墓地は、当初は骨壷で90体収容可能だったが、墓地内に散骨室を作り、10年経過したら土に帰すことにした。土に帰すのが自然だからだ。これで1000体収容可能になった。墓地の心配はない。

この墓がモデルとなり、周辺には「憩い」、「夢」、「心」、「安らぎ」と自由な文字が刻まれた墓がたくさんできた。並びには「天を仰ぎ永遠に眠る」と立派な墓もできた。嫁に行った娘家族もご希望なら入れるようにと、嫁ぎ先の苗字と二つ並べて記してある両家の墓もあった。長男しか入れない従来の檀家制度の墓に、皆疑問を持っていたのだ。このように私たちの理想とする「誰でも入れる自由度の高いお墓」が必要との考えが広がっているのは嬉しい限りだ。新しい流れが起きていると感じる。お墓も霊園や共同墓地へ。この流れは止まらないだろう。

共同墓地「安らかに」

散骨室

死に直面したら、悠々と死ねるか

私は現在86歳。私も後期高齢者だ。十分に生きたからと、前著でつぶやきを書いたが、本書を執筆するにあたって、少々修正しよう。

認知症になったら、自分では判断できないから、任せよう。
老衰になったら自然に任せてほしい。

食べられなくなったら、終わりと考えよう。
無理な延命はごめんだ。
胃瘻など作らない。
繰り返すが、口から食べられなくなったら終わりと考えよう。
ミイラになっても困るから、補液（持続皮下注）くらいはしてくれ。

がんになったら、早期がんなら積極的に治療しよう。
進行がん、転移がんになったら諦めよう。
待てよ、抗がん剤治療も進歩したから、少し検討しよう。

いずれにしても判断力がなくなったら、無用な延命はお断りだ。
医療はよいから、しっかり介護・看護をお願いしたい。
自宅ではだめだから、施設に入ろう。
自分で作った「光が丘パークヴィラ」に入れれば最高だ。
少々わがままなお願いか。

繰り返すが、判断力がなくなったら、人間終わりと考えよう。
自然に任せてほしい。
安楽な死を望みたい。人間一度は死ぬのだから。
多くの死を看取ってきた。私もこれでよいと思う。

86歳、こんな考えがあってもよいだろう。平均寿命を生きたのだから。
これは、パークヴィラの看取りの流儀でもあるからだ。

２０２０年5月9日誕生日

中村　美和

これは多くの看取りをしてきた私の結論だ。私の最後も多くの看取りと同じで良いと考えて、「光が丘パークヴィラ」の1室を確保して、夫婦のどちらかが悪くなったらお世話になろうと考えている。子供には負担を掛けまいと思っている。

私の墓はどうするか

私の墓も「光が丘パークヴィラ」と同様にした。私は都内の義父の菩提時に墓地を持っているが、子供は娘2人だから墓地に入るかわからない。ここに墓を建てても後を継ぐ者がいなければ無縁仏になり、共同墓地に移されるだろう。それならば、私も霊園に墓所を求めるほうが合理的だ。武蔵野の面影を残す丘隆地で、周辺環境も田園でよい環境だ。そこで「光が丘パークヴィラ」のならびに墓地を求め、中村家親族の墓にした。親族なら誰でも入れる墓だ。宗教色は控え、はじめから散骨にして、墓誌には必要になるまで字は入れない。戒名はいらない。俗名と死亡日のみ記載しよう。俗名ならお参りする人に顔が浮かぶだろう。せっかく頑張って生きたのだから名前くらいは残そうと考えた。段差を少なくしてお参りが楽なように石を敷き詰め、草が生えないようにした。「光が丘パークヴィラ」の共同墓地のミニ版だ。墓石裏面には次のように刻んだ。

私の神は天空、宇宙だ
祈りも願いもかなわない絶対の力
ひたすら誠意を尽くし　天の裁きに従った
この生き方に悔いはなかった
２０２０年９月吉日
建之　中村　美和

天を仰ぎ安らかに眠る（上村泰水書）

私の人生論

自律訓練で体調を調整

振り返ってみれば長い人生だが、短い人生とも感ずる。私の半生は、高齢者専用住宅である「光が丘パークヴィラ」に注がれた。町の開業医から高齢者の生活を診ながら、また自分の親の介護、看護、医療、看取りまで経験し、高齢者の老後のあり方を考えさせられた。当時は介護保険もない時代。高齢者の末期のあり方に疑問を感じ、高齢者住宅の構想に、ずるずるとのめりこんだ。まだ見本もなく暗中模索、試行錯誤の世界だった。

「光が丘パークヴィラ」オープンを前にして仕事が極限の状態にあったとき、気持ちが高揚して自律神経を刺激していたのだろう、微熱と倦怠感、冷汗が出て止まらないことがあった。何か病気があるかと調べたが異常はない。私が家で落ち込んでいるのを見て、妻は明るい表情で「何でもないわよ、やっていることを神様が見ているのだから絶対に大丈夫」と言った。もし何かあったら、神様でも容赦しないという気迫がこもっていた。そんな妻の言葉に元気づけられながら、私は何食わぬ顔で、いつものように仕事を続けた。

この体調不良の原因はストレスである。ストレスは大敵で知らず知らずに体を蝕んでゆく。この状態を脱するには、気持ちの切り替えが必要である。いろいろの問題を毎日引きずってはいけない。自分なりに一日一日全力投球しているのだから、それは1日で忘れ、翌日には新たな気持ちで仕事をしなければならないと気づいた。これは医学でいう自律訓練法、自己統制法だ。自分に暗示をかけ、気持ちを集中すれば、筋肉の痛みや肩こりが取れてくることは患者さんを通して経験していた。

さっそく、日本の心療内科の草分けとして知られる、九州大学病院心療内科の初代教授、池見酉次郎先生が提唱したセルフコントロール法を思い出し、試してみることにした。以前、患者さんの治療に使った生体フィードバック装置、バイオトレーナーを引っ張りだし、「体が軽くなる、体が温まってくる」と暗示をかけたところ、手や足の温度が上がってきた。バイオトレーナーの色が青から赤に変わる。それを確認しながら、早くその状態に入れるよう集中することを繰り返すうちに、体が楽になり、リラックスしてきた。この訓練が進むと、例えば南無阿弥陀仏でも良いのだが、何かキーワードを唱えるだけで、反射的に心身の統一状態に入れるようになるという。これは悟りの境地だからなかなか簡単にその域には到達できないだろうが、無我の時間を持つことは効果があった。座禅やヨガも同じで、心の切り替えの訓練だと思う。世の雑念を忘れ、無我に集中できる時間を持つことは、今の世の中ではなおさら必要なのかもしれない。

このようなことをしているうちに、1か月で不調から脱することができた。以後、夜になって浮かぬ顔をしていると「心の切り替えができていませんね」と妻が言う。ああそうかと、気持ちを切り替えることにしている。1日1日を自分なりにベストを尽くし、明日まで思いを持ち越さない。これを身上としたことで、どんなことがあってても、あまり体に障らなくなった。しかし、当時の苦労は今になったら淡い思い出でしかない。だから人間はやっていけるのだと思う。

座右の銘　青春の詩

開設15年目に「光が丘パークヴィラの15年　ある内科医の記録」を出版した。序文を、恩師である前川正先生（群馬大学学長）にお願いしたのだが、その中で、以前にはいただけなかったようなお言葉をいただいた。老人医療に掛けた私の姿勢に評価をいただいたのだ。また、本の制作をお手伝いいただいた高校時代の同級生、林祐孝君（新聞社の論説委員）から出版の時に、サミエルウルマンの青春の詩をいただいた。岡田義雄氏の名訳が大きな半紙に書かれていた。その中の一節に強い感銘を受けた。

青春とは人生のある時期を言うのではなく、心の様相を言うのだ。

（中略）

歳を重ねるだけで人は老いない。理想を失う時に初めて老いが来る。

と始まり、感銘したのは、終わりの方にある次の一節だ。

人は信念とともに若く、疑惑とともに老いる。
人は自信とともに若く、恐怖とともに老いる。
希望のある限り若く、失望とともに老い朽ちる。

そして、これらを失った時は、老いて神の憐れみを乞うほかはなくなる。

この詩には、今でも強烈な印象を抱く。信念と自信と希望があるから、まだ若くいられるような気がする。疑惑と恐怖と失望がないからまだ大丈夫だ。しかし年をとった。自分から作り出す力は低下したから、みんなに助けられて若さを保っているようだ。だが神に憐れみを乞うことはない。

私の神は天空、宇宙だ。祈りも願いもかなわない絶対の力。ひたすら誠意を尽くし天の裁きに従った。この生き方に悔いはなかった。これでよいのだと思う。私の墓石には「天を仰ぎ安らかに眠る」と書いた。

こんな話は現実的な現代の若者には通じないだろう。夢のような話と思うかもしれない。若者はある物にはすがり、ない物は切り捨てるだろう。しかし年を取ったら何にすがるか、ある物も少なくなり、切り捨てたものは再び返らない。何もなくなるのが現実ではないか。誠意を尽くさなければ、神にすがろうとしても、神も見捨てるだろう。

私の人生観

「光が丘パークヴィラ」も開設から36年が経過し、紆余曲折はあったが、「ホテルの機能性、マンションの気安さ、家庭の味」そして「生活支援・介護・看護・医療支援の一体化」という初期の目標に到達したように思う。行き届いたフロントサービスで、生活の雑事から開放され、マンションのように近隣者に気を遣わず生活できる、自分主体の独立生活を送ってもらい、その間の連携は職員が担うことを考えた。決して老人の別世界ではなく、高齢者も社会の中の一員としての責任と自覚を持って、社会と連携して生活する。今までの生活の延長線でありながら生活の雑事からは解放された、安心と安全の生活が目標だ。それは今も変わりない。無理をしない老後の生き方を考え、そのお手伝いができればというのが私たちの目標だ。

今振り返ると、何も手本のない時代に、契約書作りから始まり、試行錯誤で、よくここまでできたと思う。大手建設会社の優秀な社員と夜遅くまで研究した。いつも終電車が終わり、車でマンションまで送った。彼にはどんなに助けられたか測り知れない。借地権の土地、不法占拠の土地、一時貸しの長期化の土地と、その整理にも力を貸していただいた。おかげで20年ほど掛かったが借地権をゼロにし、未整理地の解決もした。事業をしながらの整理だからよくできたものだと思う。難航したものが多かったが、誠心誠意と時間で解決した。

私の人生では何回か難問が突きつけられた。それがみな良い方向で解決した。この解決はどうしてできたのだろう。心は意識できる世界、魂は無意識の世界にあるというが、制御できない魂が、何かの拍子に働き合い、答えを出したのだろうと思うほかない。レールは引いて、誠心誠意尽くしたが、その解決は難しかった。自分の努力ではない、人間にはわからない偉大な力「サムシング・グレート」と魂の世界の力かもしれないと思っている。これは無意識の世界だから祈っても応答はない。静かに目をつぶり、守られていたのだと感謝する。

私は無信論者だから、神に祈り、願うことはしない。私の神は宇宙（天）だから、これは絶対の力で、祈りも願いも通じない。ひたすら誠意を尽くし、その裁きに従うしかない。人間の心が通い合うこともあるが、利害が伴うとそれは無理になる。それが思わぬ展開になるのは、きっと魂の導きだと思えばなんとなく落ち着くから不思議だ。魂は心と通じ、心とともに育つものだと思う。無意識の世界だから会話もなければ手がかりもない存在だ。期待もできないし、答えも得られない。人間には手の届かない存在だが、不思議な働きをすると思う。

私はこのように考え、1日1日を自分なりに納得した日々を送っていれば神様はいらないと思っているのだが、妻には何人もの神様がいるようだ。自分が悩みから救われるように、自分が幸せになるように、願いが叶うように祈るばかりの宗教なら、邪宗ではないかと私は思うが、自分に厳しく他人に優しく生きようではないかという点は一致し、円満に暮らしている。無神論者の私も、大勢の命を預かっているのだから、やるべきことはきちんとして、思いを残さないように努めた。

しかし、宗教とは何だろう。本来、信仰は心の中に持てばよいのに、形にばかり表そうとするのはおかしい。宗教はもっと素朴なものではないか。壮大な建物を作り、反対する者に容赦なく戦いを挑んだりする状態が依然として現代社会で繰り返されているのには疑問を感じる。ある宗教家に、「宗教は、心の切り替えの訓練ですね」と話したら、その通りだと言った。日本人は天空を仰ぎ、山や川を見て畏敬の念を感ずる。そして自然にそっと手を合わせるが、これも一つの信仰心ではないだろうか。自分の思う道を一生懸命生き、不幸が訪れたら、これも運命と諦めるしか仕方がないのではないか。そのとき、あれがいけなかったと後悔しないように、毎日を生きることが大切である。そんなことを考えながら、無神論者の私も毎朝神棚を拝み、父母の仏前に手を合わせる。社会に生きる道を教えてくれた師であり、最も尊敬している人だからだ。日々お守りいただいていることに感謝し、今日もよろしくお導きくださいと祈る。しかし、決して願い事はすまいと決めている。毎朝の礼拝で気持ちが引き締まり、仕事に対する心構えができるような気がする。これだけで充分である。

✻これからの「光が丘パークヴィラ」

最後に、これまで「光が丘パークヴィラ」を支えてくれた職員の皆さん、これからを担ってくれる次世代へ向けて、感謝と期待を記しておこう。開設以来36年、試行錯誤を繰り返しながら、協力してくれた職員の皆さんのおかげでこの「光が丘パークヴィラ」を築き上げることができた。これは決して1人でできることではなく、各職種の皆さんのチームワークとご支援の賜物と感謝している。

超高齢化と長寿化で老後が極端に長くなり、元気で長寿化ならよいが、不具合の期間が延びることも考えねばならない。その長い老後をどう生きるか、そのお手伝いがどうできるかが我々に課された課題だ。少子高齢化で高齢者を支える若い労働力が減少している。当初、高齢者介護はまず人手だと考えたが、それができなくなるのだ。この労働力の減少が、サービスの低下につながらないように対策していかなければならない。個別の介護サービスは限界を迎えるだろうから、そこで考えたのが中間介護対応だ。体の不自由な人を中間施設に集め、少ない人数で見守る中で、必要な方に介護の手を差し伸べる。入居者は孤独感から解放され、安心・安全の環境ができるだろう。このような介護の合理化によって、これまで36年間守ってきたコンセプトがさらに充実されることを期待している。中間棟のデイルームの活用は、これから職員の皆さんとともに育てていきたい。これがうまく運用できれば、ご入居者のためになり、また職員の省力化にもつながるだろう。

ケアセンターの介護室も増設した。本館・中間棟・ケアセンター・診療所がうまく連携・機能するように考えていこう。ますます大切になる老後の支援の体制ができた。この試みは有料老人ホームの今後に向けた大切なテーマとなり、職員の皆さんと共にぜひ達成させたいと願っている。

また、中間棟の地階には第2多目的ホールも立派にできた。そこで迎えるお別れも大切だ。施設内での葬儀はご入居者・職員みんなで送る葬儀となり、ご家族からもお喜びの言葉をいただいている。さらに充実した高齢者のトータルサービスの場としよう。

看取りについては職員の皆さんの熱い支えによって、どこでも迎えられない安らかな最期を迎えられる環境が整っていると自負している。私の次女が医師（診療所院長）で一緒に仕事をしてきたから、私のやり方をよく理解してくれており、現在はほとんど任せている。また、死後の処理、遺族との打ち合わせ、その後の処理などは長女が支配人なので、よくやってくれている。一緒に仕事をして、私の流儀をよく知っている。身寄りのない人の納骨に、一緒に1日がかりで遠くまで出かけたこともある。このような仕事は目に見えない仕事だが、最後まで手を抜かないことが大切で、大変頑張ってくれている。だからこそ、これからも大切にしていきたい。

ターミナルライフの充実は、やさしく温かい介護・看護に尽きる。これも当施設の大切なテーマで、そのためには介護者、看護者の意識改革も重要だ。介護・看護の見方を改善し、省力化につなげなければならないが、やり方は変わっても、介護・看護の心は変わらない。一方で、入居者の意識も変えてゆかねばならない。24時間つきっきりではなくても、安心・安全につながる介護・看護があることを強調したい。

「光が丘パークヴィラ」は、最期まで安心して暮らせる、看取りもできる「終の棲家」が目標だ。舞台はできた。かかわる職員の意識の改革と、協力によるしか実現できないだろうと思う。職員みんなの優しい、熱いチームワークこそ大切だ。これからも、この思いを胸に前進していただきたいと願っている。

「手紙～親愛なる子供たちへ～」

秋のコンサートにお招きした、ソプラノ歌手藤井多恵子さんの歌われた「手紙～親愛なる子供たちへ～」が大変人気で、歌詞を教えてほしいとの問い合わせが殺到した。子供に読ませたいとの声もあった。藤井さんは当時80歳とは思えぬ若さで、張りのあるお声で聴衆を魅了した。自らの介護経験を話されてから歌われたことで、より私たちの感動を誘うことになった。

この歌は、ポルトガル語で出回っていた作者不明の詩を、友人がネットで偶然手に入れて翻訳したものに、シンガーソングライターの樋口了一さんが詩を補い、曲を付けて完成させた。樋口さんは「同じ話を繰り返す父の様子と重なり、《悲しいことではないんだ　消え去ってゆくように》などの詞を加えた」と語っている。毎日新聞でも取り上げられ、坂巻士朗氏が「高齢の親から語りかける認知症の歌、介護の歌と呼ばれる一曲…（中略）老いの現実を見つめ、親子のきずなを考えさせるずっしりとした曲」とコメントしている。詩が歌になり、さらに本になった不思議な詩だ。私も共感を覚えたので、再度掲載させていただいた。たくさんの高齢者を見てきたから、余計に心を打つのだろう。

「手紙〜親愛なる子供たちへ」

年老いた私が　ある日　今までの私と　違っていたとしても
どうかそのままの　私のことを　理解して欲しい
私が服の上に　食べ物をこぼしても　靴ひもを結び忘れても
あなたに色んなことを　教えたように　見守って欲しい
あなたと話す時　同じ話を何度も何度も　繰り返しても
その結末を　どうかさえぎらずに　うなずいて欲しい

あなたにせがまれて　繰り返し読んだ絵本の　あたたかな結末は
いつも同じでも　私の心を　平和にしてくれた
悲しいことではないんだ　消え去ってゆくように　見える私の心へと
励ましの　まなざしを　向けて欲しい

楽しいひと時に　私が思わず下着を濡らしてしまったり
お風呂に入るのを　いやがるときには　思い出して欲しい
あなたを追い回し　何度も着替えさせたり　様々な理由をつけて
いやがるあなたと　お風呂に入った　懐かしい日のことを
悲しいことではないんだ　旅立ちの前の準備をしている私に
祝福の祈りを捧げて欲しい

いずれ歯も弱り　飲み込むことさえ　出来なくなるかも知れない
足も衰えて　立ち上がることすら　できなくなったなら

あなたが　か弱い足で　立ち上がろうと　私に助けを求めたように
よろめく私に　どうかあなたの　手を握らせて欲しい
私の姿を見て　悲しんだり　自分が無力だと　思わないで欲しい
あなたを抱きしめる力が　ないのを知るのは　つらいことだけど
私を理解して支える心だけを　持っていて欲しい

きっとそれだけで　それだけで　私には勇気が　わいてくるのです
あなたの人生の始まりに　私がしっかりと　付き添ったように
私の人生の終わりに　少しだけ付き添って欲しい
あなたが生まれてくれたことで　私が受けた多くの喜びと
あなたに対する変わらぬ愛を持って笑顔で応えたい

私の子供たちへ
愛する子供たちへ

おわりに

この原稿を書いたときは新型コロナウイルスが猛威を振るい、1回目の緊急事態宣言の最中だ。外来患者は激減し、診療所は閑古鳥が鳴いている。医師である娘が、完全防備で外来診療を行った。風邪のような症状を診ると、みんなコロナに思えるから大変だ。私は危険だからと診療させてくれない。そこでこの時間を使って本の原稿を書いた。日中から原稿を書くことなど今までなかったが、よいチャンスだった。

振り返れば36年、多くの患者さんを見送った。208例、1例1例がドラマだった。長い生活を共にした後の最期だから、病院と違う看取りとなった。名前を見ると一人一人が想い浮かんだ。無念の死もあるが、天寿を全うした安らかな死が多かった。

人間は遺伝子配列で一生を決定されているという話がある。こんな精巧な人間を作ったのは誰か。「サムスイング・グレート」、偉大なる何者かではないかと前著で書いたが、しかし、未知の新型コロナウイルスで死んだら番外ではないだろうか。パンデミックで世界流行を起こし検査もワクチンも治療薬も、誰も経験しないところから知見を得ていくしかない。早い収束を祈るばかりだ。

どのような死であれ、「人間は必ず死ぬ。その時どうするか、安らかな看取りができるか」「高齢者の死は自然死だってある」、また「高齢者の看取りの医学もある」ということを、この本では訴えたかった。「光が丘パークヴィラ」のコンセプトには、さらに「看取りの対応」も加えたいと思う。

高齢者施設には病気ばかりではなく、人生のあらゆる問題が持ち込まれるから一筋縄ではいかない。36年間、それに一つひとつ真摯に対応してきたから、なおさら苦労が絶えなかった。しかし天寿を全うした死を見送ると救われる。「安らかに天国に行ってください」という思いで看取り、葬儀・墓の問題からも逃げてはいけないとの思いが強い。

前回の出版では、地元の書店がたくさん本を並べ宣伝してくださったが、同時期に福島原子力発電所の事故で、放射能の本に変わり、吹き飛ばされた。それでもたくさんの人に読んでいただいた。５年後の今回は、新型コロナウイルス感染症だ。また吹き飛ばされないように祈るばかりだが、これも一人でも多くの方に読んでいただけたら幸甚である。

２０２１年４月10日

中村　美和

〈著者プロフィール〉

中村美和（なかむら よしかず）

群馬県前橋市生まれ　前橋高校出身
1961年　長崎大学医学部卒
1961年　三楽病院（神田駿河台）インターン
1962年　群馬大学医学部第二内科　医学博士
1968年　医療法人社団祥和会　中村内科クリニック開設
1985年　光が丘パークヴィラ開設
　　　　付属診療所開設
1994年　付属ケアセンター開設
2021年　株式会社東急イーライフデザインに合併、光が丘パークヴィラ顧問

職歴
医療法人社団祥和会　中村内科クリニック理事長
元株式会社光が丘ヘルスケア（光が丘パークヴィラ）代表取締役
元東板橋医師会理事
元板橋医師協同組合理事
元社団法人全国有料老人ホーム協会監事
光が丘パークヴィラ顧問
中村内科クリニック理事長
光が丘ヘルスケア株式会社　代表取締役

株式会社東急イーライフデザイン
光が丘パークヴィラ

終の棲家を求めて 集大成
内科医が挑戦した36年

2021年9月17日　第1刷発行

著　者　中村美和
発行人　久保田貴幸

発行元　株式会社 幻冬舎メディアコンサルティング
〒151-0051　東京都渋谷区千駄ヶ谷4-9-7
電話　03-5411-6440(編集)

発売元　株式会社 幻冬舎
〒151-0051　東京都渋谷区千駄ヶ谷4-9-7
電話　03-5411-6222(営業)

印刷・製本　中央精版印刷株式会社

装　丁　株式会社ペリカン　佐藤健一

検印廃止

Printed in Japan
ISBN 978-4-344-93629-4 C0095
幻冬舎メディアコンサルティング HP
http://www.gentosha-mc.com/